大学·知识·政策

桂冠之下

The Stars
Are
Not Enough

科学家的雄心、焦虑与突围

Scientists—
Their Passions and Professions

[美] 约瑟夫·赫曼诺维奇 著
Joseph C. Hermanowicz

沈文钦 柴亦林 等 译

上海交通大学出版社
SHANGHAI JIAO TONG UNIVERSITY PRESS

图书在版编目(CIP)数据

桂冠之下:科学家的雄心、焦虑与突围/(美)约
瑟夫·赫曼诺维奇(Joseph C. Hermanowicz)著;沈文
钦等译.—上海:上海交通大学出版社,2025.8.
ISBN 978-7-313-33134-2

Ⅰ.K837.126.1

中国国家版本馆 CIP 数据核字第 2025JQ8048 号

上海市版权局著作权合同登记号:图字:09-2020-531

桂冠之下:科学家的雄心、焦虑与突围
GUIGUAN ZHIXIA :KEXUEJIA DE XIONGXIN 、JIAOLÜ YU TUWEI

著　者:	[美]约瑟夫·赫曼诺维奇	译　者:	沈文钦　柴亦林　等
出版发行:	上海交通大学出版社	地　址:	上海市番禺路 951 号
邮政编码:	200030	电　话:	021-64071208
印　制:	上海颛辉印刷厂有限公司	经　销:	全国新华书店
开　本:	880mm×1230mm　1/16	印　张:	9.375
字　数:	187 千字		
版　次:	2025 年 8 月第 1 版	印　次:	2025 年 8 月第 1 次印刷
书　号:	ISBN 978-7-313-33134-2		
定　价:	69.00 元		

版权所有　侵权必究
告读者:如发现本书有印装质量问题请与印刷厂质量科联系
联系电话:021-56152633

译　者　序

　　摆在读者面前的是美国高等教育研究者约瑟夫·赫曼诺维奇(Joseph C. Hermanowicz)在博士论文基础上撰写的一本经典著作。本书是一部基于深度访谈的经典研究，聚焦科学家的职业抱负与学术生态的互动关系。通过对60位美国物理学家的追踪访谈，作者揭示了科学职业的动态性、心理复杂性以及机构文化对科学家身份建构的深远影响。

　　本书最重要的一个原创性贡献是将科学家生活的大学划分为精英主义大学(如哈佛大学、加州理工学院，等等)、社群主义大学(以教学为主的大学)和多元主义大学(教学与科研并重的大学，如密歇根州立大学、科罗拉多州立大学)三种类型。这三个学术世界界限清晰，但也有所交叉。同一学术世界内也有所差异，例如在社群主义大学中，也有认同精英价值观并以追求科研为第一目标者。理解了作者对学术界的这一类型划分，才能理解本书的内容和观点。

　　第一章介绍了本书的研究背景和方法论。第二章描述了学术界的道德秩序，尤其重点关注了不同场域中的学者如何定义成功与失败。作者指出，在不同类型大学中工作的物理学家，对成功的定义以及相应的行为模式是不同的。例如在精英主义机构工作的学者对成功有更高的预期，论文发表的数量也显著更多。第三章分析了科学家是如何回忆他们从研究生院到早期学术职业发展的历史，通过这一追溯，作者试图重构科学家抱负的演变过程。第四章分析科学家如何想象自己的未来。作者指出，处在精英世界中的学者总是不安于现状，总是面向未来。第五章分析的是科学家的自我怀疑、焦虑和弱点。根据作者的分析，"焦虑"是科研从业者无法摆脱的一个固有特征，因为科学界在制度上要求科学家不断取得进步并要求科学家之间相互比较。

学术世界的不同类型是本书的立论点，但作者也指出，三个不同的学术世界之间在一些维度上是截然不同的，但它们之间也会相互渗透。

赫曼诺维奇的研究源于对科学职业中"雄心"（ambition）的系统性探索。传统科学社会学多关注制度结构与科学成果的产出、学术职位的获得以及晋升路径，而本书另辟蹊径，从科学家的主观体验切入，分析其职业雄心如何随时间、空间和机构环境演变。受访的物理学家分布在三个学位授予历史时期（时间），并在不同类型的高校（空间）工作，这使得作者能够同时考虑时间和空间因素的交织影响。本书同时进行的跨年龄（以博士学位授予年份为基础）和跨机构比较，也探讨了在时间（一生、历史时间）和空间（机构文化类型）背景下职业雄心的塑造和抑制问题。

引入生命历程(life course)视角是本书的一个独特贡献。传统上有关学术职业的研究大多关注组织与制度因素,但很少从学术职业从业者生命历程的角度,分析不同职业生涯阶段的大学教师如何理解和践行学术工作。从时间维度看,第三章通过科学家对研究生院与早期生涯的回忆,重构了雄心的"时间性"(chronology),揭示抱负从理想化到现实化的动态调整过程。赫曼诺维奇将科学家职业生涯划分为不同阶段,包括职业早期的激情与希望、中期的成就与挫折,以及晚期的反思与归纳。

从空间和地理维度看,作者指出,雄心的"空间性"受机构类型(精英主义、社群主义、多元主义大学)塑造,不同学术世界的文化规范导致雄心路径的分化。在研究生阶段,就读于精英大学的科学家有机会和世界一流的科学家接触,因而拥有更强烈的学术雄心,同时,科学家的雄心是随着时间和空间变化的。在同一所精英大学就读的科学家在研究生院阶段可能具有相同的学术雄心,但科学家获得博士学位后工作的机构也会重塑他们的雄心,从而使雄心产生变化。

除了对科学家社会世界的分类之外,本书的另外一个重要贡献在于从个人层面,尤其是情感和心理层面刻画了科学家职业的多维特征。以默顿及其弟子为代表的哥伦比亚大学科学社会学传统在很长时间内引领了对科学家和学术职业的研究。这一脉络的研究主要以历史分析和定量分析为主,呈现了一个客观、冷静的科学世界的运行逻辑和规则系统,但对科学家的内心世界探索不足。在默顿学派之外,美国心理学家安妮·罗(Anne Roe,1904—1991)等人从20世纪50年代开始深入分析科学家的心理世界,开创了科学心理学这一研究领域。遗憾的是,科学心理学的工作在科学学领域长期被忽视。本书的研究一方面扎根于默顿建立的科学社会学传统,另一方面又接续了科学心理学的传统。书中不仅关注科学家的工作经历,还探讨了他们在职业发展中的心理和情感状态。通过这一结构,作者描绘了科学职业的完整图景,展示了科学发现的激励机制、职业满意度的来源以及科学家的个人与社会身份如何交织。分析表明,科学家对工作的满意度不仅与科研成果有关,也深受学术机构文化与个人发展机会的影响。对学者而言,成功以及好的工作单位的定义在一定程度上都是主观建构的。例如书中有受访者放弃了到麻省理工学院这样的世界顶尖高校工作的机会,原因是不喜欢精英机构中过于竞争性的文化:"就生活而言,我不想加入那个群体"。通过其生动的叙述与全面的分析,赫曼诺维奇不仅为读者揭示了科学家的内心世界,也为学术界如何平衡科学激情与职业现实提供了重要思考。

在方法方面,本书也有独特的贡献。赫曼诺维奇采用了访谈法,通过与科学家的对话深入挖掘了他们的职业经历和内心感受。这种质性研究方法使得本书内容具有强烈的个人化和情感深度,读者能够直接接触到科学家的真实声音。同时,书中结合了纵向视角,通过传记访谈法(biographical interviews),作者让科学家回顾了自己职业生涯不同阶段的变化,提供了理解学术职业的动态框架。在分析科学家的心理和情绪方面,赫曼诺维奇的这本书具有引领性的意义。

作者观察到在不同地方度过职业生涯的科学家的叙述之间存在系统性差异。与不同机构类型相关的科学家在雄心和满足感、他们寻求的专业认可的类型和程度以及他们如何定位自己的职业生涯方面有所不同。最鲜明的对比出现在精英和社群背景下的科学家之间。多元主义背景下的科学家由于其集体身份，代表了其他两种类型的混合体；他们的叙述强调这种调节或中间立场。

同时，这本书也揭示了科学职业在地位、物质和象征性回报方面存在巨大的不平等。作者分析了学术界资源分配和职业机会中的不平等现象，尤其是性别和机构声望的影响。很多学术从业者一开始都有非常强的学术雄心，因为他们在精英院校接受了研究生训练，被灌输了取得伟大学术成就的愿望。但是，这本书也揭示了一个残酷的真相，出于各个方面的原因，学者们能取得杰出成就的概率是差异很大的。作者指出，从结构上看，不同学术世界的学者所获得的机会的数量和范围是不同的。能否接受这种不平等，是科学家和学术从业者需要必须面对的。在这本书出版十年后，赫曼诺维奇访谈了同一批科学家，他发现，经过十年的变化，部分受访者对科学的激情已经消退：

"过去十年来，我对这份工作、对自己、对大学的态度发生了巨大变化……我不确定自己是否还想向已出版的期刊投稿……我对整个事情感到厌恶……我厌倦了收到审稿报告。"(Hermanowicz，2009a，p. 105)

该书出版后得到学界的一致好评。美国社会学家安德鲁·阿伯特(Andrew Abbott)评价这本书是关于科学家抱负的"最有趣的一本著作"。

赫曼诺维奇是一位美国科学社会学与高等教育学领域颇有影响的学者。2018年，笔者与他在欧洲高教学会上见面认识，一见如故，此后我们在不同的国际会议上多次见面，对高教研究的看法也非常投契。他基于对美国物理学家跟踪式访谈的著作在学术职业研究领域影响很大。因此，当我主编"大学、知识与政策"译丛时，第一时间就想到译介这本著作。

赫曼诺维奇访谈的60位美国物理学家当中，有相当一部分在美国顶尖的研究型大学工作，因此本书也为我们了解美国顶尖大学的学术生态及其学术生活提供了一个极好的窗口。这些在世界学术中心机构中工作的顶尖物理学家，其学术品位、志向和生活方式也颇有独特之处。让人印象深刻的是在美国精英大学工作的物理学家都有极高的学术雄心，并以追求最高的学术荣誉为目标，例如书中的一位受访者指出，"在我看来，那些说自己不想拿诺奖的人估计都是在撒谎。我们都希望能够得到诺贝尔奖的认可。我当然也一样"。此外，对学术研究抱有纯粹而浓厚的兴趣并积极投身其中是顶尖物理学家的一个典型特征。从这些受访的顶尖物理学家来看，他们把绝大部分时间都用在工作上，并以此为乐。当前，我国正处在建设"双一流"的伟大历史征程之中，我们的目标是成为世界学术中心之一，这就要求我们有一批胸怀雄心壮志、以追求世界学术荣誉为目标、发自内心地热爱和享受科研工作的科学家。

　　和美国的高等教育体系类似，我国高等教育也是一个高度分层的体系。我国的200多万大学教师在不同类型的高校工作，因而也面临着不同的职业要求和职业期待。在世界范围内以及在我国，学术职业或者科研工作在某种程度上是被浪漫化或神圣化的，很多人受到"以学术为业"的感召投身科研事业。由于学术工作的特殊性，学术界之外的人群甚至包括科学家的家人们（如果他们本身不是科研工作者的话）事实上对这一职业知之甚少，甚至抱有诸多误解。本书的一个优点是通过细致入微的传记式访谈，不仅揭示了科学家如何理解和对待他们的工作，同时通过有血有肉的叙事，深入到了科学家的情感世界之中。通过这些叙事，我们可以了解科学家如何面对挫折和失败、科学家如何自我怀疑进而陷入焦虑、科学家如何调整自己的职业预期、科学家如何平衡工作与生活的要求，以及在某些案例中，科学生活如何压倒了个人生活，等等。在本书中，数十位物理学家剖开了自己的内心世界，他们不仅分享了初出茅庐时的雄心壮志，也表达了行将退休时壮志未酬的遗憾；他们讲述了取得科研突破时的喜悦，也道出了科研进展不顺时的无奈。科学界是一个从业者永远无法彻底获得满足的世界，因为科学成就是永无止境的，制度对不断进步的要求、科学家之间的相互比较与竞争，使得焦虑、自我否定成为科学家精神状态的一个恒定特征。赫曼诺维奇的这本书展现了科研生涯玫瑰色之外的另一个"真相"。我想，了解这些真相，对于广大的中国科研工作者以及即将踏入科研职业的研究生们，都是非常有益的。

　　本书翻译的具体分工如下：译者序和引言（柴亦林）、第一章（柴亦林）、第二章（王涛利）、第三章（刘凌宇）、第四章（杨芊芊、沈文钦）、第五章（童丽华）、第六章（沈文钦）。本书由沈文钦负责统稿。感谢出版社姜艳冰、王心林两位老师提出的意见建议和细致、耐心的编辑工作。

序

正如人们在几乎所有其他行业中会遇到的人一样,本书中所描述的科学家也是各色各样的。有些人年迈,有些人年轻,有些人正值中年。他们的事业或始终稳定,或已经萎靡,或已然"腾飞"。通过观察这些差异,本书研究了科学家们看待自身职业生涯的观点:他们现在身处何地,曾经走过何处,未来将向何方。这些观点为我们提供了一个多彩的棱镜,透过它,我们不仅可以看清哪些因素驱动人前行,还能看到哪些因素令人停滞不前。简言之,这本书想询问并探讨的是:科学家行为背后的驱动力。

这项研究与科学社会学中的大部分内容不同。一方面,这项研究无疑属于科学社会学,因为它与科学家及其工作所在的制度世界有关。另一方面,这项研究也在"人类生命历程"研究这一领域找到了归宿,该领域至今仍与研究"科学"本身完全分离。然而,尽管以前上述领域相距甚远,现在却能很好地融合,并具有开辟有趣的新领域的真正潜力——在具体情境中研究职业生涯——我希望本书能体现出这种创新性。这种双焦点视角将呈现真实生活中的科学职业生涯如何在现实的跌宕起伏中逐步形成和发展。目前，许多科学社会学家专注于"科学知识的社会建构"。"建构主义"包含各种不同的方法，一般由一系列对社会条件和过程的探究组成，正是这些社会条件和社会过程选择性地塑造了可以称之为"科学知识"的知识。而我将关注生产知识的人——"科学家"。本书不关乎科学中的"知识"建构，而是要研究科学中的"职业"建构。在本书中，我将通过观察科学家的职业生涯在其工作的社会环境中如何发展，来开辟一个新的方向。我们不仅能获得新的观察视角，还能对作为"人"的科学家进行深入观察。

在明确本书的研究对象是关于科学家而不是科学知识的时候，我意识到有些人可能会怀疑这项研究是否回到了一个较早的研究路线上——一个主要由罗伯特·默顿（Robert K. Merton）及其学生开辟的领域，这个领域被称为科学社会学的哥伦比亚传统。① 尽管科学社会学是默顿学派的核心兴趣，但这一传统集中在诸如绩效模式、奖励制度和科学分层的性质等问题上；它很少提及我在这里要重点讨论的主题——身份和工作的象征意义。此外，哥伦比亚传统很大程度上采取定量分析，与我做的解释性叙事分析相距甚远。更重要的是，通过将生命历程的观点引入职业生涯，我以默顿学派从未尝试过的方式开始了对科学家的研究。

这本书面向以下几个读者群。第一，这本书明确涉及科

————————

① 译者注：默顿长期任教于哥伦比亚大学。

学家们如何体验和公开展示他们的生活,所以意在与那些对
生命历程研究感兴趣的读者进行交流。第二,因特别关注职
业,这本书也面向那些对职业发展感兴趣的读者。第三,因
主要关注科学家们如何在他们的职业发展中创造自我认同,
这本书同样面向对社会心理学感兴趣的读者。

此外,这本书还面向对教育感兴趣的读者。在对生命历
程的研究基础上,我将我的研究对象放在他们工作所处的社
会文化背景中,而不是将他们与之分离。美国高等教育系统中
有三种不同类型的大学,这些不同的环境如何影响职业生涯、
促使其成型、帮助构建对个人历程的叙事,构成了这项研究的
主要部分。我用大量篇幅论述了学校的结构和文化。因此,
这项工作涉及教育社会学,特别是与大学研究有关的领域。

因为科学家是我的研究对象,而且这本书的大部分内容
有关职业想象、愿望、恐惧和焦虑,所以这本书的读者也包括
在职科学家(以及像他们一样的人),他们对自己的职业生涯
和其他人的职业生涯都抱有兴趣。

最后,由于这本书也面向更广泛的读者,我也有机会得
以完整地探讨本书的核心意图。进行这项研究时,我需要回
答一个问题:为什么任何人,不管是在学术界之内还是之外,
可能都梦想投身于科学事业,而这一深奥的领域对许多人来
说往往是如此遥远。我的答案是,科学事业讲述了一个具有
普遍性的社会故事,这个故事关乎所有在一生中想要取得伟
大的成就、实现某种不朽的人,哪怕这一想法还算不上一种
强烈的欲望。

就像艺术家或运动员一样,科学家跟随众神——那些因

超凡成就留名青史的人。这些人物的成就为踏上职业征途的后继者树立了竞争标杆。谁会渴望成为一个平庸的约翰尼·尤尼塔斯(Johnny Unitas)①,一个二流的贝多芬,或者一个"水货"牛顿? 对伟业的渴望——对人生可能性的构想——点燃并维持着职业生涯。这对科学家来说是真实的,对艺术家、建筑师、宇航员、医生、律师、作曲家、诗人、政治家或运动员来说也是如此。在所有的职业共同体中,其成员最终都要接受是否具有独创性、发明成果和突出成就这些崇高标准的评价。

但是,成就伟业的人很少,近乎实现伟业的人也不多。只有在经历了现实生活中的职业生涯之后,人们才会甘居这一职业领域的"庙堂之外"。这本书不仅向我们讲述科学家的生活,还向我们讲述所有怀揣着使命感的人的生活,这种对职业的使命感使他们走上了英雄般的道路。这本书还揭示了一种更广泛的文化,这种文化高度重视由雄心壮志所引领的人生历程。正如人们生活的篇章,在接下来的篇幅中,我们会看到那些追梦之人的职业生涯如何发展,他们的梦想或微小,或宏大。

就像本书所描述的人的复杂的职业生涯一样,这项研究也走过了自己的道路。在这个漫长的项目结束时,我非常高兴有机会感谢一路上提供了大量帮助的人。多年来,查尔斯·比德韦尔(Charles Bidwell)、罗伯特·桑普森(Robert

---

① 译者注:约翰尼·尤尼塔斯(Johnny Unitas, 1933—2002),美国著名橄榄球球员。

Sampson)和杰拉尔德·萨特尔斯(Gerald Suttles)无偿地提供了宝贵的建议和支持。愿这项研究及它的后续内容成为我对他们的感谢。

在这项研究的开端和几段酝酿时期,我受益于那些花时间与我谈话、写作交流和倾听我的人。我怀着感激之情,感谢安德鲁·阿博特(Andrew Abbott)、朱莉·布林斯(Julie Brines)、特里·克拉克(Terry Clark)、罗伯特·德雷本(Robert Dreeben)、温迪·格里斯沃尔德(Wendy Griswold)、唐纳德·莱文(Donald Levine)、丹·洛尔蒂(Dan Lortie)和已故的爱德华·希尔斯(Edward Shils)。我们的时光并未重合,但我仍要追认一些前人,他们的著作和社会科学的想象力帮助我明确了早期的兴趣:威廉·托马斯(W. I. Thomas)、埃弗里特·休斯(Everett Hughes)和约瑟夫·本-大卫(Joseph Ben-David)。

我曾将关于本书主题的早期想法和讨论提交给一些团体,感谢这些团体成员的接收与建设性的评论:社会组织研究中心、奥格本-斯托弗(Ogburn-Stouffer)中心教育研究小组、文化与社会工作小组和芝加哥大学的组织研讨会,以及在洛杉矶和纽约举行的美国社会学协会年会上的小组讨论。美国物理学会的克里斯汀·卡萨尼奥(Christine Cassagnau)和帕特里克·马尔维(Patrick Mulvey)巧妙地提供了关键信息。1991年,我在美国教育委员会度过了一段时间,并与伊莱恩·埃尔-卡瓦斯(Elaine El-Khawas)和查尔斯·安德森(Charles Andersen)进行了讨论,这有助于本书观点的形成。

这项研究得到了美国国家科学基金会的慷慨资助。感谢基金会的大力支持,并特别感谢三位匿名审稿人和米尔德里德·施瓦茨(Mildred Schwarz),感谢他们提出的极为有用的建议以及对这项工作的信任。

芝加哥大学出版社的高级编辑道格·米切尔(Doug Mitchell)是一名作者所希望遇到的编辑,他自始至终为这项研究打气,并提出了许多精辟的建议。同样,我也感谢两位匿名审稿人,他们的工作超出了审稿这一职责的要求。正当关于这个项目的一切似乎都已完成,与本书有关的这份才华横溢者的名单似乎可以完结时,我非常幸运地遇到了与D.泰迪·迪格斯(D. Teddy Diggs)合作的机会,她作为编辑的专业精神帮助我成长为一名更好的写作者。

曾几何时,我几乎看不到这项工作的前景。但那时和现在一样,无数人丰富了我的生活——我从未忘记他们。即使道路曲折,也必须感谢遥远的过去所赐予的礼物。因此我热烈地赞美我的老师:伊冯娜·杜向克(Yvonne Duiker)(钢琴),史蒂文·金特里(Steven Gentry)(社会研究),乔伊斯·哈维(Joyce Harvey)(代数和几何),已故的安娜莉·亨德森(Annalee Henderson)(三角学和微积分),詹姆斯·兰顿(James Langton)(音乐),安妮·莱利(Anne Riley)(英语),巴里·罗斯曼(Barry Rossman)(代数),艾米莉·施马尔斯蒂格(Emily Schmalstieg)(音乐),里查德·维克多(Richard Victor)(音乐),以及罗恩·威尔克森(Ron Wilkerson)(世界历史)。

最后,我把这本书献给我的父亲,献给他无尽的爱、勇气、慷慨与陪伴。

目　　录

1

导　　引

　　本书探讨科学家如何赋予自身职业以意义,探究科学家的自我认同是如何在其工作环境中形成和发展的。自我认同与社会认同是不同的,尽管两者都是在人与人互动的环境中被塑造的。社会认同指他者如何看待一个人:他们或聪明或有魅力或贫穷;他们的身份可能是消防员、服务生、学生、诗人等。相比之下,自我认同则关乎一个人如何看待自己。它是人最深层的思想、情感和愿望,是外人很少能进入构成"内在方面"的那部分认知。例外当然是那些通过优势地位获得接触渠道的人:密友、配偶、心理医生、神职人员。然而即使如此,人们也会保护自己对自身的独特看法。

　　科学家的专业自我认同源于并随着有关科学的社会阶段而变迁,在这些阶段中,从业者逐步形成对自身工作的象征意义的理解。专业自我认同是动态的,往往充满激动人心的一系列行动(有起有落)和强烈的情感(有成有败),所有这些都具有关于职业生涯体验的社会意义。专业自我认同刻画了工作共同体中的人,他们在共同体中投入个人努力,从共同体中获得人生的意义。

　　科学家的职业生涯往往像其他职业一样，充满了动人的戏剧性。在科学界内外，职业生涯常被视为一系列连续不断的考验、机遇、成功、损失、希望与不确定性。对那些职业道路蜿蜒曲折、伴有得失的人来说，寻求一种内在的连贯性是必需的。人们渴望为自身经历编织一个连贯的叙事（即便只为自己），用以合理解释其生平轨迹的形成。

　　本书将描述的科学家，如同医生、律师或艺术家一样，各有不同。他们年龄不同，工作环境也不尽相同（在不同的大学工作）。他们有着不同的际遇，很多时候，这些际遇使其职业生涯偏离了预期轨道。有的科学家痛心地讲述了自己的事业陷入困境，有的则回忆了攀登人类成就高峰的过程。基于此，我们将与这些亲历职业生涯变迁的见证人同行，一起探寻他们对于那个永恒的问题——关于"我是谁？"的自我理解。

　　我将稍后解释选择深入研究物理学家的原因。在这个过程中，我也会阐明本研究如何更广泛地关涉其他职业群体。尽管物理学家是我们的主要研究对象，但他们的职业生涯轨迹揭示了有志于在广阔的人生领域作出重要贡献的人的共同特质。物理学家和许多其他人一样，都希望"产生影响"。这不仅是对物理学家生活的深入观察，更是一个关于有志于改变世界者的社会故事。所有人都怀揣着雄心壮志——对伟业的追求——踏上一条崇高的道路，意在影响和推进人类文明。我们将与这些追求者相遇，倾听他们的希望、梦想和恐惧，见证他们追寻理想之路上真实发生的故事。

工匠的精神、规范的工作和未知的前途

与法律或医学相比，科学更多的是一种带有工匠精神的职业。科学家所从事的工作内容高度反映了科学家自身。科学工作是一种个性化的技艺，科学家认为这种劳动的最佳产品蕴含着美学价值（Krieger，1992；Traweek，1988）。实验、体现美感、优雅、风格和原创性的设备或理念反映了工匠经过良好训练而培养的"品位"或"判断力"，这些词常被科学家用来描述自己和他人的工作（McAllister，1996）。科学家认为科学工作本身具有美感，这与将科学家（及其工作）描绘为僵硬地遵循正式程序、忽视研究人员情感因素的普遍刻板印象相矛盾（LaFollette，1990）。这些美学品质在科学家选择问题和制定解决策略时扮演重要角色。要了解一项科学工作，就必须了解工作背后的人。

相比之下，其他职业的程序化程度要高得多。法律和医学都受到严格的法规和标准操作程序的约束。即便有个人创造力的空间，也是微乎其微的。事实上，个人主义常常招致炫技、不称职、医疗事故和骚扰的指责。相比之下，科学家自主工作，可自行选择和解决问题，尽管仍在被科学界认可的有效和真实的既定惯例范围内。

此外，科学职业之所以与许多其他职业有别，是基于一个独特而有时令人生畏的特点：开放性。与工作内容相对固定的法律或医学职业不同，科学职业在很大程度上由个人投人的创造性努力所塑造。虽然科学界(以及学术界)的自主性被视为一种"奢侈",但它同时也是一种"诅咒"。没有组织命令要求科学家每天早晨必须工作。在每天的努力之后,科学家也无法完全知道这些努力将带来什么。这个职业由永恒的希望所驱使,希望这些努力最终能带来某种东西,但确切的"某种东西"要到很久以后才能知晓。科学奖项,包括但不限于诺贝尔奖,通常在该获奖工作完成几十年后才颁发。科学中不那么重大但同样至关重要的绩效衡量标准也同样转瞬即逝。人们通常难以评估一篇论文(许多科学家日常工作的主要产出)的重要性,直到它发表很久之后才意识到。甚至在教学方面,一个人的成效和影响也可能会永无止境地受到质疑。

律师赢了一个案子;运动员赢得了一场比赛;医生治愈了一名病人。一天结束时,在这些情况下,每个人都确切知道自己赢得或失去了什么,因此也知道自己所处的位置。不久,新的一天又开始了。

科学职业的开放性使未来看起来具有令人痛苦的不确定性。科学家不知道接下来会发生什么(如果有的话),甚至不知道职业生涯会在何时何地结束。科学家的自我认同与其他专业人士不同,体现在科学家应对这种不确定性的方式上。不确定性及其带来的痛苦,最终促使马克斯·韦伯(Max Weber)得出这样的结论:一个人必须被科学所召唤:"因为,如果一个人不能以热情的奉献去追求某种事业,那就没有什么是对他有价值的了……"(Weber, 1946)。科学家与其工作之间独特的个人关系,使科学成为一片特别适合探索自我认同如何植根于人们所从事的工作的沃土。

洞悉叙事：细节与重复

原则上，我可以研究任何一个科学领域或多个领域的组合中的科学家，但我只选择了物理学这一分支领域的科学家。这一选择源于理论考量。我将自我认同的形成和发展置于一种道德秩序（moral order）的语境之中。不同职业所定义的常态和理想存在显著差异。我将"深入"物理学家所生存的世界，观察他们如何定义努力和取得成就，对自己和他人应有何种期望，以及在特定阶段他们的职业生涯应当是何种模样。

为了加大分析的深度，我将研究对象限制于在学术界工作的物理学家。质性研究的一个显著特点是对人们用以建构意义的范畴进行细致入微的分析。在此类研究中，两种相互交织的方式加深了我们的理解：细节，用于解释个人及其社会世界（这通常意味着引用长篇引语以呈现人物的语境）；重复，在重复中，模式随着自身在叙事中反复出现而逐渐呈现。

有一些物理学家受雇于工业界和政府部门。如果将他们纳入本书的研究意味着牺牲我们对在学术界谋生的个体了解的程度[1]。而且，关于学术界之外的科学家的全面研究已有先例（Glaser 1964；Kornhauser 1962；Marcson 1960）。通过将研究聚焦在学术界中的物理学家身上，我意在最大化在一个部门内跨不同背景的职业生涯多样性。[2]

在众神阴影下

下面是我研究科学家，尤其是物理学家的进一步理由，或许也是最重要的一点[3]。在社会科学家和其他人所称的现代性时期，科学家承担了宗教时期的先知和古典城邦时期诗人般的特殊地位（LaFollette，1990；Meyer et al.，1997）。他们被视为拥有超脱于凡夫俗子的天赋，且在这种天赋被证明为荒谬之前，他们的探究不受约束。

他们被当作天才在很大程度上是由一个特征造就的，这个特征在许多方面使得物理学成为所有领域中独树一帜、与其他事业追求截然不同的典范[4]：与社会科学、人文学科以及其他自然科学领域不同，在物理学领域，从业者认为彼此要么正确，要么错误（Traweek，1988）。

在过去半个世纪，科学家取代了先知和诗人，成为我们为了领会和管理自身生活与时代、过去与未来而求助的伟大思想家（Meyer et al.，1997）。大笔资金被用于科学，其中许多是基础科学，在这些领域中，重要性、相关性和应用前景很难被察觉。那些为科学事业提供资金的人也几乎无法理解科学；然而，现代时期的来临伴随着看似永无止境的现代问题，这促使社会朴素地询问科学是否能拯救我们（Lundberg，1947）[5]。科学家主要对自身负责，人们对他们的期望如同对先知和诗人的期望一样是无限的。因此，如同先知和诗人的成就一样,科学家的成就在通俗的和历史的叙述中也被神化了,科学家的生涯被描绘为:只有艰难卓越的成就才能标志他的成长或转变。

科学生涯的开放性造就了科学成就的不确定性,进而导致科学家对自我的根本不确定性。科学家的自我不确定性因前辈科学家的神化而被放大。神化在物理学领域尤为突出。物理学是社会的卓越科学。它常被视为人类社会最古老的科学(只有在算上亚里士多德时才被政治学超越);据说它最精确、最数学化、最客观,也是所有硬科学中最硬的科学。即使在普罗大众心目中,物理学也有一个公认的不朽者谱系:哥白尼、爱因斯坦、开普勒、牛顿、托勒密——他们构成了一个世俗的神坛。

科学家的神化通过一种日益盛行的文化实践得到加强:科学传记的书写(包括自传和他传)。路易斯·阿尔瓦雷斯、维克多·魏斯科普夫、赫伯特·约克、S. 钱德拉塞卡尔、路易斯·托马斯、弗里曼·戴森、谢尔顿·格拉肖、理查德·费曼[6]。这种作品极少关于或者出自一个默默无闻的科学家。它们是关于精英的,而且只关注上了年纪的精英,对主人公生平事迹的讨论是从一个非凡职业生涯的辉煌结局出发的。

这些传记作品肯定了塑造科学生涯所涉及的英雄主义,因此通过提供维系这种梦想的典范实例延续了人对伟大成就的梦想(Carlyle, 1966; Schwartz, 1985)。然而,很少有传记帮助我们理解物理学家工作的语境;相反,它们指向了所有冒险进入科学领域的人心中构筑的英雄自我概念。所有成为传记主人公的科学家都是站在巨人肩上的人,虽然他们乐于承认与他人相连的纽带,但传记的书写将努力个体化,从高度协作的事业中创造出个人英雄主义。

除了少数例子外,科学传记几乎没有透露科学家对自身及其职业生涯所获得的内在理解。传记使传主身份公开化,主人公的想法和言语都是为预期的公众读者而书写的。而在本书中,科学家在匿名的前提下发声。

科学家本身(以及许多科学社会学家)常常是科学传记的消费者,他们已指出此类作品在揭示被许多人视为"心声(Matter of Heart)"的问题上缺乏见解。伟大的天体物理学家 S. 钱德拉塞卡尔(顺便说一句他的传记是少数例外之一)曾说过:"我真希望能知道爱因斯坦晚年的心态。我自己的猜测是,他并不怎么快乐。我读过大量传记,但它们从未揭露过像麦克斯韦、开尔文勋爵、斯托克斯或爱因斯坦这样的科学家的感受。"(Walli, 1991)同样,科学社会学家沃伦·O. 哈格斯特罗姆也曾观察到:"科学家的自传在社会学意义层面往往不令人满意。当科学家写这种东西时,他们带着客观性和超然的科学规范;由于预设他们的社会关系不会影响他们的科学判断,他们未能报告太多与社会相关的内容。"(Hagstrom,1965)哈格斯特罗姆引用达尔文的一个典型陈述来强调他的观点:"我一生的主要乐趣和唯一工作就是科学,这种工作所带来的兴奋让我暂时忘记或摆脱了日常的不适。所以除了我出版的几本书外,我在其余的生活中没有什么可记录的了。"(Hagstrom,1965)

因此,在很大程度上,神话塑造了所有人的职业生涯,几乎没有人能够摆脱伟人所启发的宏大幻象。巨大的变革很少发生，所有人在某个时候都会发现自己为这些幻象所诱惑。大多数摆脱诱惑的人有意识地将这些幻象置之脑后。由于那些科学巨擘（Demigod）是进入物理学领域者的直系职业先驱，因此职业生涯的神话化在这一领域尤为突出。如果有哪一个领域的雄心会直接将人置于众神阴影之下，那就是物理学了。因此，如果我们想了解一个人是如何与这种阴影相伴相生，以及科学生涯是如何在现实中展开的，物理学便是一个理想的切入点。

当今时代的雄心

与物理学家一样，每个群体都有领域内公认的传奇人物，他们的卓越职业历程都激发着人们追求巅峰成就[7]。对艺术家而言有梵高、毕加索、雷诺阿；对作曲家而言有巴赫、莫扎特、拉赫玛尼诺夫；对运动员而言有迈克尔·乔丹、贝比·鲁斯、沃尔特·佩顿。他们和其他与之类似的人唤起鼓舞人心的形象和场景：神秘的自画像、抒情的乐曲、体现奥林匹克精神的制胜竞技。

这些传奇人物弥漫的英雄主义气息促使每一位认真的新手都必须踏上一段征程，因为一口回绝这种召唤就等于从一开始便甘居人下。在足球、音乐、医学或物理学领域，如果不被宏大、磅礴的声音和愿景所诱惑，又怎能有所成就？那些声音和愿景指明了方向，同时在自我怀疑的阶段也无情地摧垮了人们。它们体现了一种理想，一种人们可能成为何种模样的想象。

成就伟业的雄心本身就成为一种叙事，成为一种引导的声音和愿景。它高喊出鼓舞人心的话语，描述职业生涯应当如何，人们必须做些什么才能获得显赫的身份。它为生活提供指南。在物理学家的实验室和西得克萨斯州的足球场、内城的篮球场上，同样可以听到、看到这些声音和愿景。无论是诺贝尔奖还是在篮球场上的梦想，这些声音和愿景向我们展示了雄心这种浪漫的文化叙事。

因此，本书不仅是对物理学家职业生涯的深入观察，更是对许多将成就伟业作为主旋律的职业的文化描述。尽管物理学家将作为我们的研究对象，我们将详细了解他们，但他们职业生涯的轮廓阐述了一个更广泛的社会故事，即类似地，许多人的工作都使他们步入通向伟大的成就道路。戏剧性在于，有些人将会成功，有些人将近乎成功，还有些人注定失败。在所有即将上演的剧情中，实现伟大成就的雄心不仅是一种个体现象，更在人们所处的时代和所走过的地方发挥作用。

结论与概述

在第一章中，我将讨论数据来源和研究方法。最后，我将对我所使用的数据类型和方法进行批判性审视，评估它们的优势和局限性。

在第二章中，我将进入科学家工作的世界。在描述这些世界时,我将关注它们之间的相似之处和不同之处。为此,我将研究这些世界中的人们认为正常的职业生涯。通过分析不同世界的异同,我们可以了解人们是在怎样的条件下体验职业生涯的。通过观察每个世界的习惯做法,我们可以了解其内部生活的情况。

在第三章中,我将讨论科学家们如何讲述他们的过去。我将重点放在他们早期的抱负上,以及这些抱负从他们开始从事科学研究到今天所处的位置是如何变化的。我的目的是解释他们的人生观如何随着经历各种事件和情况而发生变化,这些事件和情况改变了他们对前景的看法。

在第四章中,我将重点从科学家对其职业生涯的回顾转向他们对未来的展望,根据他们所处的社会环境来描述他们对未来的展望。我将探讨职业愿景的形式和功能,努力解释梦想在职业生涯中扮演的角色。

在第五章中,我将讨论科学家遇到的职业问题。我的重点是自我怀疑的作用。我将特别关注科学家经历自我怀疑的情况为何可能是参差不齐的,以及自我怀疑是如何形成和助长而不是抑制雄心的。我还将特别关注女性的科学生涯,探讨她们与男性的科学生涯有何异同。

在第六章中,我将通过研究雄心在科学事业中的作用来结束我的讨论。我在社会文化背景下讨论了雄心,描述了促进和抑制雄心的条件,以及这些条件对职业发展的影响。

第一章

研究概述及背景

　　这项工作是与众多科学家高度合作的成果,他们在确保匿名的情况下,耐心地花费了许多时间与我探讨了关于自己及其职业生涯的最私人的感受和判断。在大约六个月的时间里,我走访了美国 6 所大学,并对 60 位科学家进行了关于他们职业生涯经历的访谈。所有受访科学家都是从这些学校的物理系随机抽取的。

　　在每所学校中,我大约访谈了三组大致数量相当的科学家。每组是根据获得博士学位的年份划分的。第一组包括 1970 年之前获得博士学位的科学家;第二组包括 1970 年至 1980 年期间获得博士学位的科学家;第三组则包括 1980 年之后获得博士学位的科学家。这些按年代划分的小组旨在涵盖三段时期,使科学家能够从职业生涯的早期、中期和后期的视角进行阐述。此外,这种分组方式有助于评估职业生涯是如何被不同时间段内独特的社会历史条件塑造的。

　　我先是给每个物理系的系主任写了一封信,阐述了这个项目的总体目的,并详细说明了教授参与访谈需要做些什么。这封信的目的是让系主任知悉我的到访意图,提醒他们我的在场并告知我的活动范围。此外,我还希望让系主任知晓这个项目的合法性,以防教师就我的访谈邀请向他们询问。所有系主任如果对这个项目或我的到访有任何疑问或担忧都可以与我联系,但没有发生这种情况。

我首先通过信件与每位科学家联系,信中同样描述了这项研究的目的。大约一周后,我通过电话与这些科学家联系,提醒他们查收之前收到的信件,更充分地描述了这项研究及他们可能的参与情况,并询问他们是否愿意参与。有些人毫不迟疑地同意参与;有些人想问一些具体的问题,然后便答应参与;还有些人拒绝了。

总的来说,这项研究的回应率相对较高,达到了 70%。那些拒绝参与的人通常不说理由,可能是因为他们意识到这项研究需要做出个人判断,重温或至少重述一些重大的个人经历,包括艰难、焦虑、失望等等,因而不想参与。询问这些人拒绝参与的原因似乎不太恰当,尽管这种信息确实有助于理解导致最终样本可能并非完全具有代表性的原因。坚持询问就等于将这些人逼到一个角落,而参与本来就是自愿的。有些人提到了职业人士常见的理由——没时间,或者正在国内外出差。

其中一些科学家表达了对参与研究可能遇到的问题的担忧,但在我的解释下,他们很快同意投入这项研究。更多的科学家坦率地表明对这项研究本身感兴趣,因为这样的研究在他们自己的工作中是罕见的,也为他们提供了一个深入探讨自身重大关切的机会。访谈的平均时长为 90 分钟。完成采访后，大多数科学家都表示有兴趣获悉这项研究的后续情况和结果。[1]

<h1 style="text-align:center">访　　谈</h1>

我向科学家询问了他们的职业履历以及他们如何体验自己的职业生涯。他们详细阐述了他们如何看待自身与工作的关系。他们的叙述穿插着关于情境、环境、转折点和事件的故事，这些都塑造了他们的专业自我认同。

我提出的问题分为六个相互关联的部分，每个部分都涉及职业体验的社会心理学方面。我想以科学家工作的道德秩序为背景描述他们的职业生涯。为此，我向科学家询问了他们对"成功"和"失败"的定义。关于"成功"的问题能够让科学家定义并描述对于他们与同事而言"普通"或"正常"的职业生涯是什么样的。同样，他们也告诉了我职业生涯会如何基于平均水平产生各种差异，并指出他们认为自己在这种差异中所处的位置。

我询问了关于"职业想象"的问题，即科学家对自己的职业有何憧憬。这样做是为了引出他们对自身在未来职业生涯中的想象。在讨论这些想象时，科学家表露了自己的志向和希望获得的身份认同。

我还要求科学家谈论自己的疑虑，以及他们对自身局限性和弱点的认识。我的访谈包括了有关自我怀疑的问题，因为这将让我能够更全面、更准确地描绘科学家如何看待自己。

我专门就雄心（Ambition）提出了一系列问题。在询问科学家他们的雄心（或缺乏雄心）时，我想了解这在多大程度上是重要的，以及对谁重要。我强调雄心，是为了揭示驱使人们在职业道路上前进的动力。因此，我希望描述雄心如何产生，以及它是如何随时间和环境的改变而显现并延续或消退的历程。

我要求每位科学家提供一份求职简历或履历表，每位受访者在采访时都遵从了这一要求。这些是很有启示性的文件。它们是个人对自己的陈述，或者至少是个人需要或想要让他人了解自己而选择展示的部分。对大多数科学家来说，它们代表了一种人生轨迹。这些文件对于本书也很有用，能建立一个有关个人活动轨迹和所做之事的历史记录。它们将被用于补充科学家的叙事。

此外，我还要求每位科学家在采访结束时填写一份调查问卷。在问卷中，科学家提供了他们的年龄、婚姻状况、子女年龄（如果有的话）、父母的职业、种族或民族背景、宗教信仰和收入等人口统计信息。科学家还提供了他们加入专业组织的情况、参与会议及具体参与哪些会议的信息，以及订阅哪些期刊。

这份问卷只是补充内容。我讨论的主要依据将是在采访中获得的叙事。在分析过程中，我将选择性地使用问卷中的信息，因为许多问卷项目只与叙事中出现的主要理论问题有些许关联。在不同的地方，如果提及科学家的年龄、婚姻状况、收入或其他相关信息有助于阐明叙述内容，我将加以说明。

大　学

　　为了研究自我认同可能如何在不同类型的环境中形成和发展，我选择了在多个方面存在巨大差异的大学。乍一看，这些机构的区别在于声誉，但它们的选择并非基于此。1982 年，美国国家研究委员会（NRC）组建了一个小组，评估美国所有授予博士学位的高校研究生项目的质量，结果发表在《美国博士学位项目研究评估》（*An Assessment of Research-Doctorate Programs in the United States*）一书中（Jones，Lindzey，and Coggeshall，1982）。

　　该书根据六个标准评估了各个系：项目规模、毕业生特征、大学图书馆藏书量、研究经费支持程度、教师和项目的学术声誉、以及属于该系的发表成果。我选取了其中一个指标——学术声誉。在所有接受评估的大学中，选择了该指标评分最高、中等和最低的学校。我之所以选择"学术声誉"作为区分系的关键变量，是因为它代表了对该系及其成员最全面的评价。换言之，它包含了区分一个不同系最全面的因素。[2]

　　我选择排名最高、中等和最低的学校，原因是这些机构的差异为职业生涯确立了不同的结构和文化条件[3]。学校的特点（我稍后将讨论）证明了这种不同条件的存在。

通过选取代表科学家工作环境极高水平、极低水平和平均水平的学校，我旨在最大化呈现科学家职业生涯的差异[4]。

作为社会世界（social worlds）的大学

大学，尤其是大学的物理系，存在各种差异。上述用于评估系的标准就是带来差异的一些因素。此外还有各种其他因素。例如，院系之间存在着预算和捐赠规模、学生人数和选拔程度、分配给教师的教学任务性质和数量、专业研究人员密度等差异。

虽然这些因素都通过开辟机会或设置限制而在一定程度上塑造了职业生涯，但还有一种更普遍的现象将机构区分开来，并包含了科学家形成自我认知的驱动力。这就是环境对其成员寄予的期望。犹如律师事务所或城市管弦乐团一样，大学之所以不同，在于对角色表现的期望不同。不同学校拥有不同的成功标准，每所学校的"层级"也区分了个人成就的不同水平。

人们在工作中的取向受到结构和文化的双重约束。各类机构社会结构的差异使得一些人比其他人更容易获得机会（Crane 1965；Long 1978；Long and McGinnis 1981），这一事实反映在科学家对自身成就的评价中。而且，在不同类型的大学中，人们认同特定的理念，即什么构成成就、杰出成就和无成就。在一个环境中认为自己"处于顶端"的人，可能会在另一环境中认为自己处于中游或下游，因为那里的人们遵循着不同的表现规范。

不同类型院校之间的文化和结构差异，使它们呈现为不同的社会世界。进入每个世界就好比进入了大世界的不同领域。在某些方面，这些世界相似，在每个世界里你都会发现人们从事类似活动、运用类似才能；但在其他方面，这些世界又存在着巨大差异。认同某个世界期望的科学家，会在另一个完全不同的世界里感到自己被视为一个外人[5]。

世界"分分合合"：精英、多元主义者与社群主义者

我们需要为科学家工作的不同学术世界命名，以免在描述时将它们混淆。一种简单化的识别方式是，根据它们的地位粗略地划分出高、中、低等级。毋庸置疑，强调等级的分类比比皆是[6]。但世界有许多不同维度，那些在每个环境中工作的人的主观观点并不完全取决于任何一个或所有的维度[7]。

顶尖学校对应所谓的"精英"的世界。这个世界对科学研究重视程度最高。"精英"一词形容在这个世界中工作的成员，还包括对他们及其所在系的外部定义。它还表达了成员的雄心——成为"最好的"，这是将他们凝聚在一起，并使他们成为精英大学成员的关键集体目标。有些成员可能会对这种个人或集体目标产生疑虑，甚至强烈反感，但最终这是他们毫不犹豫采纳的唯一标准[8]。

中等排名的学校对应所谓的"多元主义"世界。这个世界包括一些与精英同样杰出的成员，但追求更杰出的成就并不是将成员团结在一起的原因，也不是所有成员毫不犹豫采

纳的标准。这种类型的大学需要满足大规模教学、研究以及为更广泛的社区和州服务等多种需求,服务方面表现突出,尤其是在应用校内研发的科技成果方面。为了吸引人才、保持知名度和资源,以及在看似永无止境的"院校升级"努力中取得一些成功,这个世界需要在教师队伍中拥有杰出的教师。但鉴于这个世界需要对各类受众负责,多元主义学校也需要在员工中实现某种平衡。这个世界通常会由志趣、才能和动机极其不同的人共同组成。作为一种分工,该世界中的院系某种程度上反映了它们所属的"多元大学"(multiuniversity)。

"尾部"院校对应所谓的"社群主义"世界。人们行动的最有力的集体理由是本地化的,反映了他们对本校的责任。与多元主义者一样,他们需要满足研究、教学、服务、管理等多种需求,但比较价值的根本基础在于学校本身。所有人都要尽做好公民的义务,这是赢得个人荣誉和尊重的首要基础。所有成员都被期望承担不止一种责任,教师几乎从不完全地回避教学任务。与精英世界和多元主义世界不同,这里不会为吸引那些被学术界和普通大众所熟知的"明星"而制定特殊安排。这个世界秉持着责任共担的道德观[9]。

在我的样本中,有 2 所精英学校,1 所多元主义学校,3 所社群主义学校。在 3 种类型的学校中,我分别采访了大约 20 名科学家[10]。表 1-1 总结了研究设计,列出了我在每种类型的学校及三个分组中采访的科学家人数。科学家人数在分组间也大致均等分布。

表1-1　本书涉及的科学家数量,依据学术机构和群体类型统计

院校	科学家群体 (依据博士毕业年份划分)			总计
	1970 以前	1970—1980 年	1980 年以后	
精英				
院校1	8	6	6	20
院校2	1	1	2	3
社群主义世界				
院校1	6	5	7	18
多元主义世界				
院校1	3	3	3	9
院校2	3	2	2	7
院校3	1	1	2	3
总计	22	16	22	60

在60名科学家中,有4人(6.6%)是女性。在美国,在授予研究生学位的高校中,5.4%的物理学教师是女性(数据来源于1994年美国物理学会)。因此,我的样本对女性物理学家略有过度抽样,但可以忽略不计。

在表1-2中,我列出了影响科学事业的许多至关重要的实践条件;这些条件因科学家所在的世界不同而有所区别(下一章将有更多区分类型)。如表1-2所示,无论是人力、财力还是物力资源,它们在各个世界间都分布不均。

表 1-2　实践条件

	精英世界		社群主义世界	多元主义世界		
	院校 1	院校 2	院校 1	院校 1	院校 2	院校 3
院校条件[a]						
系所规模[b,c]	≈75	≈75	≈50	≈25	≈15	≈15
获得物理学科前十名学校博士学位的比例[c,d]	78%	74%	56%	16%	0%	1%
获得外部资助的比例[e,f]	≈50%	≈65%	≈50%	≈30%	/[g]	/[g]
拥有研究生助理的比例[h,i]	76~100%	/[j]	51~75%	26%~50%	/[k]	1%~25%
无研究生助理的原因[h,i]	无研究活动	/[j]	原因多样	没有经费	/[k]	没有经费
博士后人数[i]	16%~20%	/[j]	>25%	6%~10%	/[k]	1%~5%
技术支持人员人数[i]	21%~25%	/[j]	16%~20%	/[m]	/[k]	1%~5%

续　表

	精英世界		社群主义世界		多元主义世界		
	院校1	院校2	院校1	院校2	院校1	院校2	院校3
年度教学工作量（开课数量）[i,n]	1%~2%	/[j]	1%~2%	2%~3%	2%~3%	/[k]	3%~4%
教学休假[i]	有	/[j]	有	无	无	/[k]	有
休假规定[i]	和系主任沟通	/[j]	公休[o]	无	无	/[k]	公休[p]
学生状况							
本科生人数[q,r]	≈5 000	≈25 000	≈35 000	≈15 000	≈15 000	≈8 000	≈15 000
平均SAT分数[s,t]	680	570	515	480	480	485	510
物理学研究生人数[c]	≈300	≈300	≈75	≈75	≈35	≈15[u]	≈5
GRE录取分数线[s,t]	575（最小值）	740（中间值）	600（最小值）	600（平均值）	600（平均值）	580（平均值）	550（最小值）
获得物理学博士学位的平均年限（年）[f]	≈7.0	≈7.0	≈7.5		≈8.5	/[g]	/[g]

续 表

	精英世界		社群主义世界	多元主义世界		
	院校1	院校2	院校1	院校1	院校2	院校3
在博士学校获得工作的比例[v,w]	≈60%	≈60%	≈50%	≈45%	/x	/x
一般获得工作的比例[w,y]	≈60%	≈75%	≈45%	≈60%	/x	/x
其他基础设施条件						
系年度联邦资助金额[i]	≈7,000万美元	/j	≈700万美元	≈80万美元	/k	≈100万美元
系年度非联邦资助金额[i]	/	/j	≈100万美元	≈45万美元	/k	0
系年度运营预算[z,i]	≈1,000万美元	/j	≈700万美元	≈8万美元	/k	≈6万美元
助理教授启动资金[i]	有	/j	有	可协商	/k	有
启动资金金额[i,aa]	4万~40万美元	/j	5万~45万美元	≤2.5万美元	/k	6万美元

续　表

	精英世界		社群主义世界	多元主义世界		
	院校 1	院校 2	院校 1	院校 1	院校 2	院校 3
使用限制[i]	无	/[j]	无	仅固定设备	/[k]	仅固定设备
其他系或大学经费[i]	有	/[j]	有	有	/[k]	有
类型/金额	多变的	/[j]	1万美元津贴 4千美元补助（理论研究）1万美元补助（实验器材）	5千美元津贴 0.1万~10万美元补助（实验器材）	/[k]	2千美元津贴
差旅/会议费用报销[i]	无[bb]	/[j]	有	有	/[k]	有
规定性质	/[bb]	/[j]	≈1		/[k]	
年度外部演讲人数[i,cc]	>30	/[j]	>30	6~10	/[k]	26~30
人事政策（选择性议题）						
是否需外部人士出具任期审查信?[i]	是	/[j]	是	是	/[k]	是

续 表

	精英世界		社群主义世界	多元主义世界		
	院校 1	院校 2	院校 1	院校 1	院校 2	院校 3
是否按照十年前的惯例?[i]	是	/[j]	是	是	/[k]	是
是否按照二十五年前的惯例?[i]	是	/[j]	是	否	/[k]	是
教学是否作为晋升考虑因素[i,dd]	较多	/[j]	略多	较多	/[k]	较少

a 除非另有说明，否则信息适用于物理系。为确保机构和个人的匿名性，某些事项的数据报告被近似化（即"≈"）。

b 物理系标准聘长聘制教师人数。

c 来源：美国物理学会（1993）。

d 在被评为前十的物理系获得博士学位的系教师比例（Goldberger，Maher and Flattau，1995）。由于排名出现并列，名单包括 11 所学校：哈佛大学、普林斯顿大学、麻省理工学院、加州理工学院、康奈尔大学、芝加哥大学、伊利诺伊大学、斯坦福大学、加州大学圣芭芭拉分校和得克萨斯大学。为得出百分比，我仅将获得美国博士学位的系教师列入分母。

e 拥有外部研究资助的系教师比例。

f 来源：Goldberger，Maher and Flattau，1995。

g 由于不符合评估标准，Goldberger 等人（1995）未对这些系进行评估。

h 拥有至少一名研究生助理的系教师比例。

i 来源：系问卷调查（见附录 C）。

25

j 系主任未回复问卷。2 号精英学校的信息最接近于 1 号精英学校的同等信息。

k 系主任未回复问卷。2 号社群主义学校的信息最接近另外两所社群主义学校的同等信息。

l 针对以下问题："对于所有没有研究生助理者的教师，您认为造成这一现象的最主要的原因是什么？"

m 缺失数据。

n 不区分课程和课程部分。

o 还有四分之一的特殊研究任务可获减少教学工作量（据系主任说，约 10% 的教师享有此待遇）；另有无薪休假（必须获得系和研究大学批准，管理大型资助项目也可减少教学工作量，但同样需获批准。

p 另有无薪休假（必须获得系和研究大学批准，管理大型资助项目也可减少教学工作量，但同样需获批准。

q 大学本科生人数。

r 来源：巴伦教育系列杂志（Barron's Education Series, 1996）。

s 来源：美国教育委员会（American Council on Education, 1992）。

t 学术能力考试（SAT）和研究生入学考试（GRE）每个部分的最高分均为 800 分。

u 仅包括博士学位学生；该系已不再有博士项目。

v 1975—1979 年获得博士学位者中，表示已确定在博士授予院校任职的比例。

w 来源：Jones, Lindzey and Coggeshall(1982)。

x 由于不符合评估标准，Jones 等人(1982)未对这些系进行评估。

y 1975—1979 年获得博士学位者中，表示已确定毕业后任职的比例（包括博士后和其他学术/非学术职位）。

z 不包括教师薪酬；仅指非资助支持经费。

aa 金额取决于具体教师的研究项目。

bb 很可能，教师依赖自己的研究经费或系/大学发放的非限制性经费支付差旅费，或自费承担。

cc 系外人士年度正式讲座的估计人数。

dd 针对以下问题："尽可能具体说明，您所在系学绩效在晋升决定中的作用程度。"答案选项：很大程度；有一些；有一点；几乎没有；完全没有。

26

精英世界由一所私立大学和一所公立州立院校代表。两所学校在科研和培养大批科学家方面均历史悠久且成就显著。它们的所有院系和项目都享有国家声誉，许多更是国际知名。它们的物理系被认为是世界上最杰出的科系之一。大部分物理学教师在该领域十分知名，其中包括数位诺贝尔奖得主。这些科系规模庞大，是美国最大的大学系之一，也是最大的物理系科之一。两个系的教师人数都约为 75 人。这所私立大学经常将自己与普林斯顿、斯坦福和加州理工这样的学校相比较，被认为是同一类型的学校；而公立大学则类似于密西根大学和威斯康星大学。

多元主义世界由一所大型公立州立大学代表。这所学校已开始加强许多系科和项目的实力，其中一些已获得国家关注。作为该州的旗舰院校，它的主要使命是为州内学生提供大学教育。尽管学校长期以来就有一批专注于科研的教师队伍，但在过去十五年里更加重视这一方面。理想情况下，该校希望能够达到密西根大学和加州伯克利分校等公立大学的水平。尽管物理系的教师认为他们所在的系科和大学具有巨大潜力，但他们也坦率地承认，他们所在的系在声望方面处于中等水平。与其他物理系相比，该系规模中等，教师约 50 人。这所大学的物理系可与印第安纳大学、密西根州立大学和艾奥瓦大学的物理系相比。

社群主义世界由三所学校代表。这些都是规模较小的州立院校，最初为"综合大学"。其中一所学校原为师范学院。三所学校一开始只为提供研究生课程的专业授予第一学位（通常为硕士学位）。前两所学校约在 20 世纪 60 年代开始设立校级博士项目,并获得了州内和部分区域知名度。第三所学校在 20 世纪 70 年代开办了博士项目,但后来由于州预算有限而取消了物理学专业。这三所学校的主要使命是本科教育,尽管它们试图通过更加重视研究活动来改变自身定位;三所大学的教师队伍都活跃于科研工作,如果有人继续将它们描述为教学型大学,他们都会合理地持怀疑态度。与前两组院校相比,这些学校在科学领域的影响力相对较小,但绝非微不足道。三所学校的物理系规模相对较小,其中两个系约有 15 名教师,另一个约有 25 名。它们类似于塔尔萨大学、德雷克大学或某大学系统的分校,如威斯康星密尔沃基分校。

注意事项

科学的不同世界,就像世界大体上的不同部分一样,不应被视为比其他世界"更好",尽管人们常常根据大学的声望、权力、财富或公众知名度做出有高有低的区分。科学世界之间的差异只在于人们如何确定自己的价值观和信念,以及如何适应现有的机会。对于生活由不同的经济体系组织起来的人来说,一个工业化国家可能显得方向错误和无法居住,就像一个被赋予相当声望的大学对于那些优先事项或工作方式有所不同的人来说似乎缺乏吸引力并感到疏远一样。一个人的痛苦可能是另一个人的天堂,我做出这种区分是为了提醒读者,人们的职业生涯是用其认为有意义的方式描述的。

虽然这些世界在某些方面有相似之处——毕竟都是大

学——但为了进行比较,必须强调它们之间的差异。因此,读者很容易忘记社会学在此的效用。由于我的讨论将基于比较,并且我的主题涉及与学术类读者自身密切相关的群体,因此很可能存在一种内在的诱惑,使得他们将我的论述解读为某种形式的批判。

请克服这种诱惑。我是在使用社会学来理解个人和集体认同是如何框定和建构的。这必然涉及对不同类型场所以及做着不同事情,拥有不同价值观、准则、观念和抱负的人进行对比。因此,谈论一个世界的特征,并不是就它们自身而言,而是与其他世界相比而言。

最后,我所研究的这些科学家都相对较为成功,从事业延续的角度来看是如此。样本中并未包括所谓的"失败者",即那些在首次接触学术界后就选择退出的人。对精英物理系一些研究生群体进行的考察发现,不到四分之三的物理学博士生能最终获得博士学位(William Bowen, Neil Rudenstine,1992)。

然而,对于许多获得物理学博士学位的人来说,情况甚至更加严峻。1973 年,最终完全远离物理学工作的物理博士比例高达 32%(Kirby,Czujko,1993)。在美国高等教育遭受削减的十年后,这一比例持续上升,以至于到 1989 年,近一半(43%)的新晋物理学博士不得不从事某种物理学之外的工作(Kirby,Czujko,1993)。攻读物理学博士学位通常并非出于从事非物理学工作的主要动机。与此同时,将这些人视为"失败者"为时尚早,只有那些在象牙塔上层里的人,在发现有人离开与自己相似的工作并永远不再露面时,才会持有这种观点。对某些人来说,彻底抛弃物理学乃至整个科学事业反而是一种解脱。

我说明这些是因为它们关乎雄心。那些职业生涯根本受阻的人是否仅仅缺乏雄心,这从未可知。才华、能力、创造力、坚韧、机缘以及其他因素也会起作用。相反,有些科学家虽怀有宏图伟愿,却由于缺乏就业机会而无缘进入学术物理学领域。一个物理系收到300多份申请竞争一个空缺岗位并不罕见。我想说的是,本书大多数(如果不是全部)的科学家都曾经或正怀有某种雄心。如果没有,他们今天很可能无法身居其位。但这不是一项关于谁有雄心谁没有雄心的研究,而是关于不同类型和程度的雄心如何在职业生涯中呈现——其萌发、发展和消亡如何由工作领域中的结构和文化条件决定,以及个人如何应对这些变化,从而塑造出与复杂的过去和期望的未来相呼应的自我认同。

第二章

学术世界

人们的信仰和行为不会脱离其与他人互动的场所而孤立地产生或表现出来。大学为科学家提供了塑造自我认同的工具，就像环境对其他职业的作用一样。因此，为了最终将各个科学家的叙述置于适当的背景下，我们需要详细地了解三种类型的大学中每一种群体的工作方式。在本章中，我将概述作为行动指南和个体建构身份认同基础的道德秩序（moral orders）。在此过程中，我将勾勒出科学家在其工作环境中认为正常和预期的情况。我将特别关注科学家的"认知方式"（ways of knowing），即他们在学术世界中的设想和行为方式。[1]

欧文·戈夫曼（Erving Goffman）在解释人们如何处理社会污名或"被破坏的身份"时谈到了"道德生涯"（moral career）（Goffman，1961,1963）。就科学家而言，道德生涯是指一个群体如何定义正常的社会晋升通道（Glaser and Strauss，1971）。根据工作环境的不同，通道可能或多或少，但是它们总是涉及转折点，围绕这些转折点，个人将根据新占据的位置来调整自我认同。道德生涯体现了一种普遍的观点。主观上，它规定了人们为了满足特定的地位期望而采用的一套信念、倾向和实践。个人通过在被更广泛的群体接受和视为正常的背景下看待自己的生涯并作出个人判断。随着科学家年龄的增长，他们可能会重新诠释自己的人生传记，诠释的依据是他们如何看待自己在职业各阶段与社会期待之间的关系。

在每次采访中，我都询问科学家们如何看待成功和失败，询问什么是"终极"成功，以及它们与"最小"成功的联系。我进一步请科学家们尽可能地描述他们身边同事的成功是什么样的。这些问题并不是为了让科学家们以晦涩抽象的方式谈论职业。相反，通过将职业置于文化背景中，回答这些问题实际上提供了各种描述职业的方式。在谈论科学家如何看待成功、极其成功和不成功时，我们谈论的是职业经历的两个核心方面。一是在特定的社会环境中如何建立（有时甚至丧失）个体合法性，二是人如何塑造自我的形象。在每个世界中，职业都具有象征性：它们代表着大于小我的事业。在了解科学家如何描绘自己和他人的职业生涯时，我们描绘了在那些职业生涯中获得意义和价值的文化景观。

道德秩序：三个世界的运行规则

道德秩序是指一个群体或一个社会中社会行为的价值体系或规范体系，包括期望、价值行动、信念和导向。换言之,它规定了事物应该如何运行(即使现实几乎总是偏离道德规定)。

在这三个学术世界中,精英的特点在于,他们极度关注成为精英所需经历的职业阶段。他们通常会非常详细地描述精英世界中所有人都努力遵循的道德生涯。与多元主义者或社群主义者相比,精英的职业更加制度化:有许多社会既定的和预期的阶段。

精英职业非常标准化且等级分明。从象征意义上说,它们随着职业生涯的推进而成熟和繁荣,并且变得越来越进步和卓越。人也被塑造成连续的角色,在走向卓越的过程中日益体现出世俗的智慧。诚然,精英并不总是遵循道德生涯。这个世界同样存在内部多样性。但是,他们在信念上有着无与伦比的一致性,即什么构成了理想的表现,以及这种表现应该如何在人生的各个阶段发展。

精英们对科学的承诺和认同是相对同质的。在整个职业生涯中,所有人都积极从事研究工作。最重要的是,他们的承诺和认同受到与之共事者的社会控制。那些在职业生涯中遇到困难的人会对职业认同产生动摇甚至自我贬低,尽管不是通过社会仪式。当个人完全停止研究而无法满足最低的群体期望时,其通常会遭受严厉的社会制裁(不只是经济制裁),包括被孤立和丧失影响力。在精英世界中,科学家通常以这样的假设为前提,即个人的表现应当一如往常。

在其他学术世界,科学家会发现自己所处的现实各不相同(Berger and Luckmann, 1966)。随着我们进入多元主义者和社群主义者的世界,承诺和认同的范围也不断扩大。在范围最广的地方,即社群主义者中,对科学的承诺和认同是最为多样化和不平衡的。这些机构中的科学家对于什么是正当的职业生涯的信念和实践各不相同。在这里,最有可能发现那些主要从事教学工作,或长期零星地开展科研工作的科学家。与精英职业的同质性不同,社群主义者达成社会认同的职业具有多样性。他们正在接受,或者至少是容忍,广泛多样的科学承诺。在这里,人们对个体如何建立合法性的解释是不同的,这是一个科学家认为人比工作更重要的世界:个人因其人性中的美德而受到尊重。

剩下的科学世界,即以大型公共国家机构为代表的多元主义者们,介于其他两种类型之间。在这里,我们可以发现那些身份认同和承诺类似于精英的科学家,以及那些信仰和实践与社群主义者更为密切相关的科学家。他们对科学实践和参与的多样性有一定的容忍度,但这种容忍的范围并不像社群主义者那样广泛,也不像精英那样狭窄。

精英

那些在特定世界中谋生的人更充分地阐述了这个世界的道德秩序。描述在这些世界工作是什么感觉的科学家更能揭示人们所遵循的基本惯例。我们的第一位受访者是一位年轻的科学家,他最近在一所精英学校获得了终身教职。他在一家公立院校工作,该院校物理系的声誉很高。对这位科学家来说,学校里其他科学家的名字象征着该院校所代表的许多品质。

当我走在这个机构的走廊上,看着门上的名字时,对我来说,就像是进入了名人堂。门上的名字都是英雄的名字。[2]

环境对人的影响是深切的。环境传递的价值观塑造了一个人的行为和认知方式。我们的受访者谈到了他在这个情境下的职业生涯:

这(环境)确实使它(职业生涯)受益,因为这里的标准都很高。我并不相信年轻科学家有非常明确的内在标准。我认为总的来说,人们的研究质量和对细节的关注在很大程度上被同事的期望影响。我不是说人们会仔细检查我的论文。我可以发表任何我想发表的东西,但我的同事都是高素质的人,他们对研究、诚信以及对科研共同体的承诺都有着非常高的标准。正因为如此,我知道我的规范界限是什么。我希望,我进行研究的方式是我可以控制的,那些高水平的特质能够相互影响。就像和奥运会游泳运动员一起游泳,你也要表现得像一个运动员。[3]

环境当然也有约束。在一个奥运会游泳运动员的世界里,所有或大部分的参赛者都追求金牌,最令人生畏的限制正是所处的环境本身。对成功的呼唤不仅是一种激励,也是一种负担。

这里确实有一种约束,那就是——这听起来很荒谬,但是在某种程度上就是这样——成功本身就是一种约束。这里的每一个人几乎都是成功的,无论他们选择在哪个领域工作,都可以被视作国际层面的领军人物。这意味着,有时你必须保持持续的产出以维持较高的知名度,即使你对这个领域的兴趣已经有所下降了。没有哪个院系主任会说:"你应该继续在这个领域工作。"没有人会进行任何形式的审查,除了与同事进行的非正式讨论。我们都在谈论我们的前进方向和正在做的事情,以及应该如何最好地发展自己的职业生涯……在某种程度上,维持整个环境的质量是一种责任。[4]

从根本上说,学术精英构成了一个活跃的世界。人们看起来都很忙。他们参加那些他们认为重要的事情,形成一种严肃和奉献的氛围。每一个世界都展现了活动的层次;但正如我们所见,即使是在精英世界中被认为是最简单的努力,仍然涉及同样的活动——研究,尽管规模较小。道德秩序包括对于一个人为了保持尊重而至少应该做什么的集体理解。

你得在主流期刊上发表论文,这一点是非常明确的。如果你给我看某人过去五年的发表清单,光看这些期刊,我就能告诉你他们是否活跃,比如《物理评论》(*Physical Review*)、《物理评论快报》(*Physical Review Letters*)、《物理学杂志》(*Journal de Physique*)、《物理杂志》(*Journal of Physics*)等等。有经过同行评议的期刊,还有其他的。如果你一年不发表至少三篇论文在这类期刊上,那么你就停滞不前了。[5]

　　道德秩序可以看作是硬币的两面。我们通过观察他们渴望和期待的东西，以及他们回避什么，来了解群体的情况。与其他职业的世界一样，科学界也建立了绩效的界限。这些世界中成功的概念和失败的概念由世界里的成员定义，包含社会和个人两个层面。个人对成功和失败的定义可能因人而异，甚至在组成一个群体的个体之间也是如此。科学家们可能被视为"成功的"，因为他们得到了科学界的奖励。与此同时，这些科学家可能因为没有满足更高层次的个人期望而认为自己是失败者。尽管存在这样的个体差异，人们还是认可根据绩效来区分个体。

　　对于精英阶层而言，我们已经得知了其最低标准：每年在顶尖期刊上发表几篇论文。精英们的失败常常近在咫尺（但这条线并没有延伸到其他世界，在那些世界里，成员们对绩效的定义不同）。

　　有些人只是停止发表，也不做任何事情来填补这个空白，因为即使我们是大学教授，教学——也就是我们的薪资来源之一——远不止在教室前站着那么简单。这只是我们每周三小时的工作。如果（想要）做得好，至少在你第一次教课时是这样，每个课时的准备工作可能要花上六七个小时。但每周仍有二十或三十个小时用于研究，因此教学还意味着与研究生和博士后互动。如果你不这样做，而是只做课堂教学，那么无论你的课堂教学做得有多好，你都是一个失败者。如果你还承担一些其他的责任，那么你是可以被接受的。如果你不这样做，那么你基本上就是被排斥的。这里的大多数人在退休前都是持续地取得成功，持续地富有成效。满 60 岁并不意味着大势已去。有很多 60 岁的老人仍然很活跃。如果你承担像参与大学管理这样的责任，那很好。但如果你什么都不做，你会被认为是一个令人失望的失败者。[6]

精英以突出成就的渐进发展来描述职业的道德演变。期望是一种持续生产力，即使可能有间歇和交替的休产期和多产期。在精英的道德秩序中，人和职业在不同时期看起来是不同的。

从研究生院到死亡的过程中，存在着一种随着人们年龄增长而上升的成就的连续性。人的成就随年龄增长而以不同的速度上升，然后在某个地方停下来。这对每个人都是适用的，但他们不会再下降。你在几乎完成了自己的工作后，就会在某个水平上稳定下来；你可以以不同的速度升迁，然后在不同的级别上退休。我们这里的人都可以说是非常成功的。在这里的 60 到 70 名教职员工中，大约有 10 名 50 多岁、60 多岁出头的教师，他们几乎已经达到了最大的成功，只是没有获得诺贝尔奖。他们每年都是国家科学院或是一些新组织的成员。他们被认为是物理学界的元老。他们都是男性，都是诸如国家委员会和咨询委员会成员的人，常常在华盛顿活动。总的来说，他们的研究工作也非常出色。还有一些人应该会升到这些位置，那些人大概 40 多岁，他们中的大多数人仍处于还需要打拼的阶段。所以他们不能安于现状，必须继续前进。60 岁的人非常友好，他们请我们吃晚饭，对我们的孩子十分关照，而且他们很支持我们，他们只是假设我们和他们一样，30 出头的我们显然是他们的下一代。我面对本科生和研究生时也是如此。我只是假设他们会在物理方面取得成功。我不知道是否有人不这么认为。年轻人是很有趣的一类人。他们是相当顽强的，有一定的竞争力，但也不是那么容易相处，他们比较爱争论。我想他们还在努力地建立自己的声望，所以他们不像年长者那样随和。[7]

因此，职业生涯被象征性地按照年龄划分。关于职业生涯如何展开存在着一个意象。除了伴随每个职业阶段的态度和行为之外，这个意象还涉及客观的状态，这些状态都是成长和发展过程中的一部分。

让我们从终点开始。这是一个你需要保持良好名声（keep your copybook clean）的领域。与我们一起工作的这些人非常坚强。有些人是超级英雄，美国国家科学院（院士）之类的。他们从未真正地退休；即使他们正式退休，人们也仍然认为他们是在学界中活跃的物理学家。他们受邀在国际会议上发言，出席咨询委员会，他们甚至可以不发言，而是决定由谁发言。而在此之前，这类人通常会在 30 多岁到 40 多岁的时候非常勤奋。因此，在成为国家咨询委员会成员之前的咨询阶段，他们通过极其出色的工作来获得声誉，这通常涉及非常深入的思考和狂热的工作，以及对问题的完全投入。每个人都会在某个层面上有所成就，并找到属于自己的圈子。关键只在于这个圈子的精英程度如何。[8]

社群主义者

社群主义者的行事方式与精英主义者大相径庭。这些科学家不符合任何一种单一的职业模式,特别是在信仰和实践上。这个科学世界的特点是包容对科学的各种认同和承诺,无论主要是作为教师、研究人员,还是两者兼而有之。

我非常非常高兴。我认为我已经能够主要承担教学角色了。我不是一个知名的研究者。我可以做一些我喜欢的东西,但它不会出现在《物理评论快报》或类似的期刊中,因为它不是重磅消息(breaking news)。对我而言,这更像是解谜。我可以在教学的同时做一些自己的小事情。[9]

其中一些科学家从历史角度看待自身及同事的工作,强调了在他们的世界中,关于一个群体如何定义对其成员期望的一些变化。

典型情况正在改变。标准越来越严格,不断地提高。在20世纪70年代后期我来到这里的时候,标准是获得一些象征性的外部支持,培养一些研究生,做好教学工作。做好教学工作一直都很重要。提供一些服务工作,比如参加一些委员会、为院系或学校提供一些服务,然后你就拥有了一个成功的职业生涯。我不认为你能做到,我也不认为你能把事业成功仅仅建立在你在这里获得的评价之上,我觉得这还不够。我想,要想取得成功,我不仅要赢得同行的称赞,而且还要获得物理学界外的好评。那才会让我更满意。[10]

市场力量和学校使命的演变所带来的期望值的变化,使那些自我角色认知与组织不同的人产生了愤世嫉俗的情绪。这种情况最常见于那些生理年龄与工作"年龄"不一致的人身上。在划分不同类型的表现时,一个社群主义者描述了如何解释"终极"成就。但是请注意这位科学家的语气和对成功的最低标准与精英有所不同。

在这一点上,很多人与我意见相左,但对一些人来说,包括这个院系的一些人,一个成功的人是积极进取的,他会走出去,获得资助,建立大团队,写很多论文,参与各种活动。那是个成功的人。好吧,我不会走得那么远,因为很多东西都是夸大其词:大量的资助,大场面,看起来让人印象深刻,有很多事情需要四处奔波,很多学生也四处奔波。但我认为这不一定是一个成功的项目,除非这项工作有某种意义,比如它真的有助于人理解自然,而不仅仅是走个过场(window-dressing operation),就像一个机器、一个磨坊、一个工厂、一个造纸厂一样一篇一篇地写文章。[11]

在以下对"最小"成功的描述中,请再次注意区分社群主义者和其他精英在语气和用词上的差别。

一个人至少要在他们所追求的领域中努力工作,可能是教学或其他事情,在其中真正提高自我。或者,如果他们正在从事研究工作,就不能像打高尔夫那样游手好闲。我认为最低限度的期望就是真正付出切实的努力。[12]

人们接受绩效上的巨大差异与职业亚文化有关,在这种亚文化中,人们除了工作之外,还形成了尊重的基础。

有些人在教学方面做得很好。你不可能事事完美。所以我们有一些人把大部分时间花在了成为一名优秀的老师上。我们首先尊重"人"的本性。他们都是好人。如果他们在教学方面做得很好,他们就会受到尊重;如果他们在研究方面做得很好,他们也可以获得尊重。所以他们无论做什么都会受到尊重,有些人则兼而有之。[13]

多元主义者

社群主义者的许多特点也体现在多元主义者身上。

我在系里敬佩的一位是 xx。他是一个在 50 年代做过重要工作的人,从那之后就真的什么也没做。这就是我以他为例的原因。他可能有成为一流理论家的抱负,显然这些愿望并没有实现。尽管如此,他仍然是一位令人钦佩的老师和同事。他很乐意解决问题并清晰地给出解释。因此,我认为他的职业生涯非常成功。他在系里很受尊敬。[14]

但在多元主义者的世界里，正如名字本身所表明的那样，人们也很容易找到那些对科学生涯的理解与精英相似的人，在某种程度上，这些人的叙述里也强调了研究。多元主义者世界中的研究与教学交织的确切方式可能与精英的研究/教学关系并不直接对应，因为多元主义者（大型州立大学的人）通常拥有数量庞大而有影响力的受众，他们作为教师需要对受众负责，无论这些受众是学生、大学管理者还是立法机构。然而，一些多元主义者以类似精英的方式强调了研究的重要性。

我想我所做的任何事情都会成功的。如果我继续从事环境技术工作，我认为这对物理学家来说是一个成功的事业。如果我在工业实验室做应用研究，那也是一个成功的事业。如果我在一所大学里做行政人员，那也是一种成功的事业。在进行人们传统上认为是成功职业的物理学研究项目时，那也是成功的事业。[15]

当一个群体的成员有着截然不同的倾向时，它就有可能变得两极分化。尽管由于互动方式不同而在承诺上存在差异，社群主义者和多元主义者仍然能够共同合作。在给人以充分尊重这个首要的基础上，这些群体把个人的工作从中心舞台移开（当然，在私人的外部评估中除外）。通过这样做，他们创造了一个社会基础，使有不同倾向的人能够相对和谐地协作。

环境，人员和表现

我们的受访者已经确定了一些活动，这些活动构成了那些在各自的社会世界中取得成功的人的职业生涯。这些活动的关键部分是给学生提供教学、指导和培训。然而，在精英中，这些活动被视为一个更大范围内的常数，随着科学家的研究者身份而稳定增长。教学和指导的角色通常与科学家的特定专业领域和当前的研究工作相结合。这就把我们的注意力转向了科学家在职业生涯中的科研表现。

表 2-1　科学家期刊论文发表数量（按学术世界和群组划分）

学术世界	第一组 (1970 年以前的博士)	第二组 (1970—1980 年的博士)	第三组 (1980 年后的博士)
精英			
人数	8[a]	6	8
发表数量最大值	272	183	66
发表数量最小值	44	30	12
人均发表数量	109.3	91.3	29.3
多元主义者			
人数	6	4[b]	7
发表数量最大值	89	152	37
发表数量最小值	19	33	13
人均发表数量	60.7	73.3	23.9
社群主义者			
人数	7	5	7

学术世界	第一组 （1970 年以前 的博士）	第二组 （1970—1980 年 的博士）	第三组 （1980 年后 的博士）
发表数量最大值	100	62	32
发表数量最小值	9	6	10
人均发表数量	39.1	30.4	21.7

资料来源：参与该研究的科学家简历。

注：每位科学家的出版物数量包括所有已发表的期刊文章，但不包括以下类别的数量：书籍、教科书、书稿章节、会议论文集、受邀或投稿论文、书评、百科全书、世界图书和年鉴条目以及在个人履历中列为"已提交""刊印中""已接收""准备中"等的文章。如果同一文章被发表多次，则仅计算一次。

a 其中一位科学家的案例数据缺失。

b 剔除了一个案例。这种情况被视为离群值，因为这位科学家的大部分职业生涯都是作为业界科学家度过的，因此不能代表学术科学家在正常情况下建立的发表记录。

表2-1至表2-4的信息说明了每种世界流行的研究惯例。首先，表2-1按学术世界和同代群体列出了科学家发表的期刊数量。随着时间的推移，学术世界之间在职业生涯上的差异更加明显。在比较最年长的精英和多元主义者时，不仅要关注平均发表数量的差异，还需要注意差值范围。精英中的最大值（272篇）远大于多元主义者中的最大值（89篇），在对比最小值时也发现了相同的模式（44篇比19篇）。

第三组院校，即社群主义者的世界的模式凸显了它与精英和多元主义者的区别。虽然各年龄组的活动有所增加，但变化相对较小。平均而言，最年长的科学家只比最年轻的科学家多发表17.4篇论文。并且在最低发表数量上，年龄最大的两个组比年龄最小的组的数量要少。这种模式很可能是历史趋势的一部分。这表明，名气较低的机构正受益于大量涌入的科学家，他们表现出比年长同事更多的研究投入。这很可能是多种因素造成的，包括各类机构对研究越来越重视，即使是那些传统上以教学为导向的院校；还有紧缩的劳动力市场，将研究型博士毕业生引向博士授予机构的外围。

根据对化学家、物理学家和数学家的横向调查，高生产力的科学家会保持或提高他们的生产力，而生产力低的科学家则随着职业的发展而减少了产出（Paul Allison and John Stewart 1974），表 2-1 的信息与此发现一致。可以用"累积优势"来解释这些模式。通过认可和资源的反馈使多产者受益，而缺乏这样的反馈则会使低生产率的人逐渐减产。随着科学家年龄的增长，生产力的分布越来越不平均。用简单的话说，"富人更富，穷人更穷"（Merton 1973a，457）。

有人可能会提出反驳，即学术世界的这些差异，部分是由于人们在别处取得或未取得的成就造成的。事实上，这一论点声称人们所处的位置源于过去在不同世界的表现。因此，精英（或至少其中的一小部分）之所以能走到今天，是因为他们之前作为多元主义者取得了长足的进步；多元主义者在他们的世界生存，是因为他们之前作为社群主义者的成就，或是因为他们作为精英的失败；一些社群主义者可能是在作为多元主义者失败后进入他们的世界的，等等。

然而，我们可以很快排除这种推测。表 2-2 证实了几乎所有这些科学家从入职开始就一直留在他们如今所处的世界中。只有四位精英在其他大学（或工业界）任过职。其中

三位曾就职于其他大学(普林斯顿大学、卡内基梅隆大学和
康奈尔大学),一位曾供职于工业机构(贝尔实验室)。只有
一位多元主义者在不同的大学任职(杜克大学是一个接近精
英世界的多元主义院校,而威廉与玛丽学院则是一个社群主
义院校)。只有一位多元主义者曾在业界(施乐公司)工作
过。只有五位社群主义者在其他大学任过职,其中三所大学
是社群主义的。因此,大多数职业流动发生在相似的环境
之间。

表2-2　科学家在学术世界之间的流动模式

当前的学术世界	以前是精英	以前是多元主义者	以前是社群主义者	以前在业界	总的流动案例
精英[a]	3	2	0	1	4
多元主义者[b]	0	1	1	1	2
社群主义者	0	2	3	0	5

注:在前两行中,由于一位或多位科学家担任了一个以上的职位,所以"以前"职位的数量并不等于流动案例的总数。
a 在其中一个案例中,科学家在进入精英世界之前首先在多元主义者世界中任职,然后在工业界任职;在另一个案例中,科学家首先在精英世界任职,然后在多元主义者的世界任职,最后再回到精英世界。
b 在一个案例中,一位科学家先在社群主义者世界里任职,然后在一个多元主义者世界里任职,接着在另一个不同的多元主义者世界中担任目前的职务。

在流动的11位科学家中,有8位将终身教职带到了目前
的职位。因此,在整个样本中的60位科学家中,绝大多数(52
位)已经或正试图在我们现在所看到的环境中获得终身教
职。因此,科学家职业发展或失败的方式直接根植于其所处
的组织环境中。因此,我们的进一步分析不必被这样一种观

念所阻碍，即成就或成就的缺乏造成了这些学术界之间的流动（除了少数记载的案例）。学术界之间的流动性，甚至是同一世界的不同院校之间的流动性也很低。[16]

当然，不能将衡量学术世界工作价值的指标等同于发表的数量。诚然，数量不等同于质量。至于质量问题，考虑到物理学家在哪里发表他们的研究成果，学术世界的道德秩序可以进行进一步的分化。与书籍和其他学术写作渠道不同，期刊文章是发表物理学和大多数物理生物科学成果的最常见渠道。

物理学家提交研究成果的期刊数量和范围最好用"惊人"来形容。1973年，在物理学的所有子领域，有277种期刊可以发表实验、理论和教学成果。到了1993年，这一数字增长到了410，增长了48％，也就是说，在这20年中，每年大约有7种新的期刊诞生。[17]

然而，物理学界的成员们认识到，只有很小的一部分——约占总数的5％的期刊被认为是"主导"或"主流"的。这些期刊被视作"顶级"期刊，都是经过学术共同体内的同行进行评审，并且报告了已经由学术共同体（或至少是其中一个强大的子领域）确立为科学探究最重要的领域的内容。

表2-3列出了每个学术世界在主流期刊上发表大部分研究成果的科学家的百分比，从中可以看出科学世界运作的学术规范。精英们在主流期刊上发表的文章比多元主义者和社群主义者多。这种差异在社群主义者中尤为明显，只有26％的科学家在主流期刊上发表了80％或更多的研究成果。如果我们用一个不那么严格的基准，询问有多少科学家在主

流期刊上发表了 60％ 或更多的研究成果,社群主义者的比例
会上升到 63％,但精英和多元主义者的比例也会上升到更高
的水平。几乎所有的精英都在主流期刊上发表他们 60％ 或
更多的成果。

表 2–3　在主流物理期刊上发表大部分研究成果的科学家的百分比

	学术世界		
	精英	多元主义者	社群主义者
≥80％的发表工作	77％	71％	26％
≥70％的发表工作	86％	82％	32％
≥60％的发表工作	95％	88％	63％

注:被认为属于"主流物理学期刊"的期刊是物理学界赋予其最大价值的期刊。
按字母顺序包括:《天文学杂志》(*Astronomical Journal*)、《天体物理学杂志》(包
括增刊)(*Astrophysical Journal*)、《天体物理学快报与通讯》(*Astrophysical
Letters and Communications*)、《欧洲物理快报》(*Europhysics Letters*)、《地球物
理研究通讯》(*Geophysical Research Letters*)、《伊卡洛斯》(*Icarus*)、《国际现代物
理学杂志》(包括 A, B, C, D, E 系列)(*International Journal of Morden
Physics*)、《物理学杂志》(包括 Ⅰ, Ⅱ, Ⅲ 系列,但不包括Ⅳ系列)(*Journal de
Physique*)、《物理学快报》(现已并入《欧洲物理快报》)(*Journal de Physique
Lettres*)、《化学物理杂志》(*Journal of Chemical Physics*)、《地球物理学研究杂
志》(包括 A,B,C,D,E 系列)(*Journal of Geophysical Research*)、《数学物理杂
志》(*Journal of Mathematical Physics*)、《物理杂志》(包括 A, B, C, D 系列)
(*Journal of Physics*)、《新试验快报》(现已并入《欧洲物理快报》)(*Lettere al
Nuovo Cimento*)、《自然》(*Nature*)、《核物理》(包括 A, B 系列)(*Nuclear
Physics*)、《物理评论》(包括 A,B,C,D,E,L 系列)(*Physical Review*)、《物理快
报》(包括 A,B 系列)(*Physics Letters*)、《流体物理学》(*Physics of Fluids*)、《现
代物理评论》(*Review of Modem Physics*)、《科学》(*Science*)和《固体通讯》
(*Solid State Communications*)。

适龄而为

上述精英受访者提到了一些特殊的标志或里程碑,这些

标志或里程碑象征性地将科学家置于职业生涯的某些阶段。这些阶段包括（但不限于）获得终身教职、不满足于现有的荣誉、保持良好声望、当选为科学院院士、在国家委员会任职或担任职务，以及更为正式的组织晋升仪式。通过明确界定的学术等级晋升，这些都构成了一种职业和经历这种职业的人随时间变化的一系列事件。

按年龄划分的人生历程不应被理解为所有人都不可避免地要经历的一系列僵化或单一的阶段。更确切地说，它事关一个笼统的概念和社会期望如何展开，其中的关键是职业生涯的各个阶段。有些人没有达到某些阶段，其他阶段可以完全跳过，并且一个阶段的长度因人而异，一个阶段结束与另一阶段开始并没有清晰或明确的区分。

我认为，科学的制度化职业主要是以研究为导向的。揭示每种世界道德秩序差异的另一个方法是统计科学家们实现某些表征其职业的象征性成就的相对频率。[19]科学职业的主要象征性成就，以及获得这些职业奖章的科学家的数量见表 2-4。

表 2-4 科学家在科学中获得的象征性成就

学术世界	美国国家科学基金会青年研究者；斯隆基金会、帕卡德和/或古根海姆奖	NAS 或 AAS 院士[a]	被选上专业职位[b]	全国委员会或小组成员	期刊编辑[c]	教学奖[d]
精英	11	11	3	7	4	6
多元主义者	8	0	0	0	1	2

续　表

学术世界	美国国家科学基金会青年研究者；斯隆基金会、帕卡德和/或古根海姆奖	NAS或AAS院士[a]	被选上专业职位[b]	全国委员会或小组成员	期刊编辑[c]	教学奖[d]
社群主义者	0	0	0	1	1	1

a NAS指当选美国国家科学院院士；AAS是指美国艺术与科学研究院。

b "选举产生的专业职位"包括美国物理学会会长或专业学会或董事会职务（如秘书、财务长、副主席、主席）等职位。

c 这一类别包括科学家在专业物理杂志上担任编辑、共同编辑、副编辑或客座编辑。

d "教学奖"包括那些因教学杰出而获得或被提名大学、学院或学系教学奖励的科学家。

　　三种学术世界的差异存在明显分层。在每个类别中，精英的数量都远远超过了多元主义者和社群主义者。在科学职业生涯早期颁发的高知名度奖项通常是例外情况，其中包括美国国家科学基金会青年研究者奖（以前称总统青年研究者奖，NSF Young Investigator）、斯隆奖和帕卡德奖，这些奖项通常都是在科学家获得终身教职之前颁发的。类似的还包括古根海姆奖，通常授予年轻的高级研究人员和学者。

　　多元主义者在获奖人数上接近精英。这可能再次归因于之前提到的工具性因素：一个紧缩的学术劳动力市场将研究活跃和有研究天赋的个人推向更大范围的院校以及曾经以教学为主导但最近重视起科研的机构。

　　其他类别，如重大的研究基金，是按年龄分级的（教学奖除外）。当选为美国国家科学院院士或美国艺术与科学院院士——正如当选行政职务、在国家委员会和专门委员会任职以及作为期刊编辑为社会服务——通常贯穿于职业生涯的中后期。

这些荣誉的重要性在于它们对接触(或未能接触)它们的个人具有象征意义。它们为实现目标的动机设定了条件,甚至建立了一种激励文化。有人可能会争辩,跨世界的成就差异源于个人能力的差异。但是,正如詹姆斯·科尔曼(James Coleman)所质疑的那样,除了"在某些标准条件下取得成就的能力(capacity)"之外,"能力"(ability)是如何定义的?(Coleman, 1969)。取得成就的决定因素的一条更有益的途径是超越个体,进入设定这些"标准条件"的社会环境中。[20]

最后,在教学奖励方面(见表 2-4),精英的人数再次超过了多元主义者和社群主义者。这一发现似乎是自相矛盾的。毕竟,多元主义世界和社群主义世界的公立院校相比精英学校而言更具有重视教学的传统。然而,这一发现与其说是关于多元主义者和社群主义者世界的教学质量,不如说解释了精英们在获得成就方面的自我意识:他们的世界以奋斗为中心,不遗余力地标记自己进步的轨迹。

身 份 认 同

多元主义者通过中间立场的话语来建立道德秩序。然而,尤其值得注意的是,这里的科学家如何描述他们的院校,并将自己的中间立场建构为一种优势。

事实是,如果你在这所大学的话,你就会被认为是二流的,因为这不是前十名的院系之一。我认为我们被《美国新闻与世界报道》排在了 20 名之外。不过没关系。这并没有真正地让我感到困扰。如果说有什么不同的话,那就是我在这里得到了很多机会,甚至比在哈佛或麻省理工学院获得的机会还多。如果我有机会去哈佛、麻省理工或加州理工学院,我会感到很荣幸,也非常喜欢。我的"自尊"(ego)会喜欢它。但我不可能离开,如果离开的话,我就拿不到终身教职。[23]

因为绩效的门槛低于精英,但又不至于低到认为该机构无法参与重大科学发现的程度,这些科学家将他们的世界视为一种中庸之道。他们中的许多人认为自己在所属的世界里取得了同等的科学成就,而不必经历他们认为学术精英所背负的期待。

这所大学可能让我比去普林斯顿大学或芝加哥大学成长得更快。我认为普林斯顿大学或芝加哥大学对年轻教师做出杰出工作的期待更高,我想我会感到更大的压力,在这两所学校我也会做完全相同的事情,仍然会取得同样的结果,但我可能会觉得自己老了差不多 10 岁,因为绩效的压力更大。[24]

多元主义者常常将他们的工作条件与他们认为更公开可见和更有声望的院校的不适条件并列谈及。

在大学排名方面,你可能已经看过《美国新闻与世界报道》,根据他们的名单,无论其价值多少,我所处的大学在这份报告中的排名都在 20 或 25 位左右。排名靠前的是加州理工学院、哈佛大学、普林斯顿大学诸如此类的地方。这其中任何一个地方都被认为是非常有声望的。那里的大多数人会很痛苦,因为竞争的压力太大了,太多人试图表现自己,这可能会令人不悦。而我不喜欢那样。麻省理工学院有一个职位空缺我甚至都没有考虑。两年前有很多人来找我,说考虑到它的要求,我是那份工作的最佳人选。我只考虑了很短的时间就做出了决定,即使我申请成功了,我也不想永远待在那个部门。因为那里有太多自我的人、太多的权力争斗。像麻省理工学院这样的院校,有许多杰出的人,其中许多人是学术界的大牌人物(prima donnas),他们认为一切都应该按他们的方式进行,所以他们可能很难相处。在研讨会上和他们讨论也很难。他们每个人轮番试图摧毁发言者。他们可能对谁的文章值得一读以及诸如此类的事情有着非常狭隘的看法。从我的观点来看,就生活而言,我不想成为那种人。[25]

社群主义者表达了类似的情绪。正如下面引用的这位物理学家所说的那样,精英(和一些多元主义者)被视为重要工作的障碍,而不是促进者。

即使是研究生,都知道要有做自己想做的事情的自由,而不是有人强迫我做别的事情。我必须去一所新兴的学校，在那里，一个年轻的助理教授实际上可以自己制定研究计划，而不是做资深教师希望他们做的事情。

您是否考虑过其他地方？

我考虑过。我知道它必须是一所相对较小的学校。最好是有州政府支持的。最好在南方。我不想陷入在一些更负盛名的大学中常见的激烈竞争里。

为什么？

因为需要承受太大的压力，无法走上别人认为意义重大的道路。你必须获得研究经费，否则便得不到终身教职，也得不到续聘。[26]

另一位社群主义者也表示了赞同：

我绝对不会喜欢这样一个"残酷"的环境，那里的人很痛苦，人们总是不快乐，因为这就是它的运作方式。我认为肯定有这种类型的大学，麻省理工就是这样。我想所有的一流大学一般都倾向于这样。也许这就是为什么我没有去（这类机构）攻读研究生的原因。我申请了一些大学，比如耶鲁大学和普林斯顿大学并被录取。但我真的更喜欢在工作和学习的同时可以感到快乐的环境……我喜欢友好的环境。我喜欢愉快地来上班。我曾经和上过那些大学的人相处过，他们是不诚实的，残酷的，他们为达目的不择手段，他们的价值体系和我完全不同。在我看来，他们是完全不同的物种。如果处在这样的环境中，你可能不得不变成那样。[27]

多元主义者和社群主义者描述精英的方式与精英描述自己的方式完全不同。我们的最初受访者将与他共事的人以及从事科学研究的环境描述为宝贵的资源。成员和非成员以不同的方式构建精英世界的现实。对精英世界的成员而言，与过度竞争和利己主义的人一起工作对一个人的智力和科学研究是有利的。一位精英将这些区别放在了如下情境中：

> 想待在这样的地方有两个简单的原因。首先，你的同事很好，你可以和他们交流……当我去问同事问题时，我会得到很好的答案，因为我的同事们都学识渊博。其次，你有优秀的学生和出色的博士后。所以在一所好学校工作对我来说有很多好处，因为我将从周围的人那里受益。这也意味着，这个地方有源源不断的、优秀的演讲者想来这里谈论他们的想法。我不得不说，鉴于我的职位，我有一切机会去做我想做的事情，因为我身处一个好地方，身边有优秀的人。我想如果我在堪萨斯大学，我的学术地位可能会更高。也许在大多数其他一流的物理学校，我会处在中等水平。我对成为顶尖学者并不感兴趣。我宁愿有比我更懂行的同事。[28]

尽管多元化主义者看到了自己所处位置的优势，但他们也意识到这并非没有代价。多元主义者经常提到学生的问题。

> 我想我最大的抱怨是缺少好学生。我有几个学生，其中

一个可能做得不错，而另一个可能非常棘手。在其他地方，如果你给学生一个问题，他们就会开始独立思考并着手解决。但（在这里）我必须解释很多次他们才能明白，而不是仅仅提一下，"哦，你应该阅读有关的内容"，然后让他们回来和我解释。这样进度很慢。我的计划是把这个（项目的一部分）交给一个学生，估计我作为一名研究生要花多长时间，并将其加倍。事实证明，加倍是不够的。它更像是需要花费六倍的时间甚至更多。[29]

人们当然想去常春藤盟校，那里的师资和生源都更优秀，常春藤盟校确实更好。但没关系，我们也会在这里做到最好。[30]

在这样一所名不见经传的大学里，主要的缺点是学生整体的质量不佳。例如，在巴黎高等师范学院，那里的学生都是精挑细选的，差不多千里挑一，他们非常灵活，和他们一起工作也很有挑战性。在这里遇到的学生就不那么灵活和有动力。学生的质量是我认为的关键区别。[31]

结　　论

构成三种科学学术世界的群体表现出不同的道德秩序，这些秩序引导着人们的认知和行为的方式。我在对科学的投入程度和认同的基础上描述了这些道德秩序。我们已经看到，从精英到社群主义者，世界的范围变得越来越广。放眼望去，我们看到了渐进的演变。人们在投入程度和自我认同方面变得更加异质化。他们对不同的职业越来越宽容，因为多样化是他们生活世界的常态。这些差异是从期望层面更为广泛地构想出来的。每个群体都有自己对成就、非凡成就和缺乏成就的定义。一个世界的成功与失败并不直接对应于另一个世界的相同成功或相同失败。

在另一层面，世界有所不同。只有在学术精英的世界中，我们才能发现人们明确地阐述了一种统一的道德生涯。职业和人都经历着连续的变化，它们在不同的阶段有着不同的形象。在这个世界中，成功取决于垂直流动。取得成功的机会定义了人们参与工作的方式。勋章、荣誉和受人尊敬，这些成就的象征不断地提醒着人们之所以归属于这个世界的意义。

在多元主义和社群主义的世界中，只有部分情况符合这种描述，因为这个世界包含着多种相互竞争的奖励系统。职业生涯远没有精英阶层那样制度化，而是呈现出多种多样的形式。职业和个人的阶段只是模糊的构想。在职业生涯以教学为中心的地方，生命历程相对没有阶段性。[32]对于精英而言，提升地位的主要机会在于从事研究工作或全身心投入行政管理。

在概述这三种世界的道德秩序时，我描述了隶属于这些世界的情况是怎样的。因此，这种道德秩序的映射为开始讨论这60位科学家的职业生涯如何在具体情境中展开奠定了基础。

第三章

职业往事

　　这一章将追溯科学家如何通过认识自身塑造了当前的职业道路，探究科学家们在开始职业生涯之前如何看待自己和未来，以及他们的愿景是如何发展到我们今天所看到的这样。因此，在这一部分，科学家们将带领我们（和他们自己）回到过去，即研究生教育的末期，在那时他们从事物理学领域的职业想法更加坚定明确。在这一阶段，每个科学家都经历了一个职业社会化的过程。他们都是"仪式"的目标（有时也是牺牲品），这些仪式包括：考试、实验、学位论文，以及在他人面前公开展示工作和自我。通过这一过程，他们的世俗身份发展成了职业身份[1]。

　　在这一章我请科学家们描述了他们的雄心——他们想要或希望实现的目标。他们描绘了未来的图景，有时模糊，有时却非常清晰。在未来的图景中，他们能够清晰地了解自己的位置，包括自身的角色、地位和预期的身份。

　　这一部分探究科学家如何解释过去，主要目的在于对理论的讨论和探索。理论会涉及科学家如何构想雄心并付诸行动(如果他们这样做的话)。我试图确定科学家如何根据他们最初的成就期望来评估自身的进步。因此,我将呈现一个科学家们雄心的编年史,并重点讨论科学家们的雄心是如何被构建(或未能被建构)和重建的,以及雄心是如何随着时间的推移,在不同的群体中发生变化(繁荣、消亡和稳定)。

我将把我的讨论放在科学家们如何构想道德生涯的背景下,因为道德生涯定义了所有科学家在某些时候建构为预期职业阶段的内容。科学家们通常以道德生涯为背景来形成和评估自我形象。道德生涯为职业生涯的发展方式和发展速度提供了脚本和时间表。当然并不是所有的科学家都遵循这一过程(Buchmann,1989;Schank&Abelson,1977;White,1993)。虽然这个模板带有道德色彩,但它不是固定的。从事学术职业的人,就像从事其他职业的人一样,都在不同程度上遵从或脱离模板。通过回顾科学家们的过往,我们将看到一些人的职业生涯如何紧跟道德生涯,而另一些职业生涯则表现出扭曲、融合、断裂,或是对模板的彻底拒绝。换言之,这60位科学家的职业生涯并不统一,它们以不同的速度向各个方向散开。

研究还假设,在职业生涯发展过程中,精英、多元主义者和社群主义者将倾向于三种截然不同的、核心的职业倾向或典型的职业道路。在描述这些主要的路径之后,我将研究这三种职业道路的内部差异。我认为,虽然每一种道路都具有一些典型特征,但其中都包含偏离主导模式的个体。这些个体通常表现出与相邻世界相似的特征。这表明,尽管学术世界在一些维度上是截然不同的,但它们之间也会相互渗透。

职 业 起 点

寻求认可

这些科学家的职业生涯都始于对职业发展的期望。这些期望的范围很广:从最基本到最宏大,从最不明确到最确定。然而,这种多样性在一定条件下具有一致性。这种一致性源于这些科学家们所扮演的科学角色。这些人都表达了服从制度性的要求,即让自己参与"好的""有趣的"或"重要的"工作。

我想要的只是做好物理研究和享受生活;做出一些贡献——显然是为了享受我正在做的事情。这就像做自己非常感兴趣的事情一样,追求这件事既是一种享受,也可能对这个领域有好处。[2]

我对研究和实验非常感兴趣,对科学发现感到兴奋。这是非常令人满意的。从某种程度上说,每个物理学家都想获得诺贝尔奖,但我也知道这需要很多运气和技巧,所以我不认为人们仅仅是以此(赢得诺贝尔奖)为目标而从事这一行业的。我认为人们是想拥有一个令人满意的职业,并享受科学的乐趣。[3]

他们的假设是,通过仔细选择"重要的问题"并坚持"好的"工作,开辟一条通向重大科学突破的道路。他们试图解开自然界和物理世界长期以来令人费解的谜题。

这些愿景在一定程度上反映了科学家们的真实希望。灵感、抽象推理和智力挑战在吸引人们探索科学方面起着主导作用。这种学术取向也决定了他们对职业生涯长期发展所寄予的希望。

但这些观点也反映了科学家们将自己视为理性、客观、冷静的学者群体成员。即使涉及依靠道德手段实现科学合理的目的,承认"抱负"或"雄心"也会遭到科学界的怀疑。扮演科学角色的部分责任包括承诺忠于其机构宗旨:发展和推广已有知识。通过表达科学界所有成员都采纳或应该采纳的乏味的、制度化的目标——"做好事"或对科学探究采取一种公正的方法,个人将注意力从个人抱负转移到科学角色的神圣性上[4]。

除了讨论与他们作为科学家的社会身份有关的愿景外,物理学家们还讨论了不为人知的一面。他们在更私人的层面上谈论了他们对自己职业生涯的期望。在如何塑造科学事业以及主观体验科学事业方面,认可发挥着至关重要的作用。对许多人来说,对认可的持久追求解释了压倒一切的雄心如何产生和延续。

认可为什么如此重要?默顿(Robert Merton,1973c)对该问题进行了深度探究,答案非常简单:得到有能力判断一项贡献的人的认可,是科学家的研究对知识作出贡献的首要指标。认可以多种形式传递着不同程度的影响。正如默顿解释的那样,寻求认可的过程被制度化了。这一追求与科学目标吻合,并且确实令人满意,只要在实践中,科学家仍然遵守道德准则即可。恰当的表述是:"对原创性的认可成为社会认可的证据,这证明人们已经成功地履行了自己作为科学家身份最苛刻的要求"(Merton 1973c,293)。

紧随默顿之后,我们发现对认可的追求与对科学发现优先权的关注相联系。也就是说,科学界建立了被认可为第一个作出贡献的人并因此得到相应回报的规则。而局外人对优先权的关注可能显得微不足道,更糟糕的是,这可能还暗示了一种不必要的强迫。当然,优先权是重要的,而且科学家们也这样认为:它从原则上确定了谁作出了贡献,从而从原则上确定了谁应该得到奖赏。因此,它证明了什么工作是原创的,并以此确定了科学的目标是扩展已有的知识。换句话说,优先权是功能性系统的一部分,确定在什么时候给予谁以学术认可[5]。

然而,科学家们之所以寻求认可以及他们从中得到了什么,不仅仅是因为认识到他们的工作可以促进知识的进步。认可使一个人更接近在历史上拥有一席之地,因此他的影响会被后代所感知。这并不是说所有的科学家都追求名望或荣誉,而是说所有或几乎所有的科学家都在其职业生涯不止一次地探寻他们对所研究的世界和生活环境产生的影响。认可是一个人自我价值的衡量标准,也是身份建立的基础。伟大的成就会获得巨大的认可,他们有可能获得英雄的身份,播下雄心的种子。尽管认可具有强烈的个体重要性,但这种重要性本身就是被社会化为科学成员的表现,因为原创性是评判一个人工作的终极标准。

更重要的是,认可的累积转化为后续的科研机会,构成了职业生涯的生命线。获得和未能获得认可的过程和后果被描述为优势和劣势的累积(Zuckerman,1989)。职业生涯早期阶段的微小差异会在随后的阶段扩大,并导致完全不同的职业结果。"马太效应"(Merton,1973a)是一个更普遍机制的具体案例。它指出,就相当的科学贡献而言,知名的或杰出的科学家比那些不为人所知的科学家更容易获得更多的认可。认可传达的是一个人工作的意义和质量。因此,即使是最坚定核心科学价值的科学家也会意识到它的重要性。

院校背景

科学家的成就期望是由他们在研究生阶段以及随后的博士后工作经历来明确界定的。在此期间(以及整个人生过程)的社会化包括了解科学家群体对其成员的期望。因此在原则上,个人会把这些期望当作自己的期望。研究生阶段是个人与科学接触最密切的时期,也是他们最坚定地相信自身能够引领科学事业发展的时期。在这一阶段,科学家们学习了许多非正式的课程以了解科学生活和学术职业的全貌,尽管这些课程可能是不完美的或不完整的。

尽管科学家们当前在三种不同类型的学术机构工作,但许多人的起点是相似的。表3-1列出了科学家获得博士学位所在的学校。在比较这些学校时,我们发现精英和多元主义者之间的相似性远高于社群主义者与其他两者的相似性。23位精英中的14位(61%)和18位多元主义者中的12位

(67％)都在美国排名前十的物理系获得了博士学位[6]。19
名社群主义者中只有3名(16％)从排名前十的物理系获得博
士学位。请牢记这些分布,因为它们将影响我之后的讨论,
即科学家的成就期望是如何被构建的,以及这些期望如何随
着时间的推移而演变。

表3-1 科学家在研究生阶段的大学名称

精英(N＝23)	多元主义者(N＝18)	社群主义者(N＝19)
加利福尼亚大学伯克利分校	加利福尼亚大学伯克利分校	阿肯色大学
伯明翰大学	芝加哥大学	加利福尼亚大学伯克利分校(2)
孟买大学	哥伦比亚大学	加州理工学院
加州理工学院(2)	康奈尔大学	科罗拉多大学
芝加哥大学(2)	哈佛大学(3)	纽约城市大学(2)
康奈尔大学	伊利诺伊大学(3)	佐治亚大学
哈佛大学(2)	印第安纳大学	艾奥瓦州立大学
兰道理论物理研究所	约翰·霍普金斯大学	路易斯安那州立大学
伦敦大学	马里兰大学	明尼苏达州立大学
米兰大学(Milan)	麻省理工学院(2)	密苏里大学
麻省理工学院(5)	牛津大学	内布拉斯加大学系统
明尼苏达州立大学	宾夕法尼亚大学	纽约大学
西北大学	普渡大学	雪城大学
宾夕法尼亚大学		东京大学

精英(N＝23)	多元主义者(N＝18)	社群主义者(N＝19)
普林斯顿大学		威斯康星大学
威廉与玛丽学院		弗罗茨瓦夫大学
		弗吉尼亚大学

注：括号中为科学家人数，未标明的人数为"1"。

想象中的生涯，想象中的自己

科学家的雄心和对事业的憧憬，往往因接触过的其他人的特征而建立。其中一些是面对面接触，通常是科学家的导师。其他接触者包括那些知识渊博的前辈。这些前辈们是该领域内的榜样，后来者可以通过与前辈的接触来获得学术地位(Foote，1951)。这些前辈都是该学科历史悠久的英雄：哥白尼、爱因斯坦、开普勒、牛顿、托勒密等等。不论是在世或已经逝去的学者，在走廊或在物理名人堂中，所有的前辈都象征着学术的终极愿景。它们代表了人们所期望的，作为科学家想效仿的榜样。用韦伯的话来说，这些人物都充满了迷人的权威。他们激发了年轻科学家的兴趣，引得大家争相效仿。在这些年轻科学家的眼中，研究生教育是一个众所周知的充满期待的时期，即使尚未取得创新成果。

我想得到像我导师那样的工作。我想成为一名大学教授。我会一直争取最高的职位。我只想不断地晋升。[7]

为了解释他们在学术生涯重要阶段的经历,物理学家们在叙事中采取了一种戏剧性的形式。上面这位科学家充满希望。年轻的生命蕴含着希望和潜力,他已经建立了信心。个体是坚强不屈的,是一个活跃的中心,拥有源源不断的能量。未来似乎是不确定的,但这些人知道他们将在其中发挥重要作用。世界都在等着他们。

我的愿望是和费曼[8]一起工作一辈子,像费曼一样。他在离开康奈尔大学之前一直是我的博士生导师。他离开之后,我转学跟随贝特[9],此时的我已经发现了很多乐趣,那是由自由地漫游和思考问题带来的乐趣。我想把工作做得更好并得到回报:友谊,被邀请参加会议,被当作懂知识、会教书的人。我是在寻求尊重。[10]

科学家们对他们早期愿望的反思揭示了一个充满幻想的世界,这个世界承载了他们对未来的想象以及他们希望在其中扮演的角色。乔治·赫伯特·米德提出了"接受他人的态度或角色"的观点,以描述个体如何参与复杂的行为模式,典型地表现在"他人"的社会地位上(Mead,1934)。他用这些术语来解释人们的行为和在社会上的发展,这些人至少获得了他们所采用的态度或所扮演的角色的基本特征(Cook,1993)。这一观点的含义是,在青年以及整个成年的生活过程中,社会化都建立在模仿的基础上。人们按照他们在别人身上观察到的模式来行事,但当然不是所有的"他人"。态度和角色扮演是预期性的:个人会根据预期担任的职位相关的行为模式来规范自己的行为。因此,客观状态(一个人是谁)和主观状态(一个人认为自己是或应该是谁)可以完全不同。人们可以假装自己是他们期望成为的人。

这一趋势在准科学家们的叙事中十分明显。一个人一边扮演着研究生的角色,同时又扮演着半人半神的角色。在学术生涯真正开始之前,"跨越阶段"的一个显著特征就是创造出这样一种情景:每个人都把自己塑造成功成名就的英雄,攀登未知的科学高峰,赢得他人的尊重和钦佩。

当我第一次去加州理工学院的时候,对我们影响最大的两个人是费曼和盖尔曼[11],很明显,包括我在内的每个人都希望能够达到那个层次的成就。这是一个天真的希望。但人们很快就会意识到这是不可能的。在与他们互动之后,你会意识到这是非常非常困难的。我认为有两个方面的困境,其中一个是非凡的创意,他们会用你从未想过的方式来看待事情。另一个当然是速度,他们很快就能解决那些你花了很长时间还没解决的问题。[12]

我曾经以为我会获得诺贝尔物理学奖。但现在这不再是我痴迷的事情了。我认为这是物理学研究生认为他们将要做的事情,也许不是诺贝尔奖,而是一些非常基础的东西。费曼和盖尔曼获得诺贝尔奖的时候我就在加州理工学院。那是一段非常激动人心的时光。加州理工学院在物理学方面堪称世界的巅峰。我本想以惊艳众人的方式在物理学上有所作为,但那只是青春时代的想法。虽然我觉得自己在很多方面都不错,但没达到那种能做出巨大成就的级别。[13]

科学家们完成博士研究的学校类型不同,雄心也不同。地点对人的影响再次显现。伟大的理想通常出现在拥有精英研究生院背景的科学家的早期抱负中。值得关注的是,这些物理学家谈到他们在加州理工学院的学生时代时,提及了一种弥漫于环境中的荣耀感。他们的自我意识是由与他们有过密切接触的人的成就所构成的。从象征意义来看,他们是巨大而强大科学产业的直接受益者。

作为精英世界的一员,一个人习得了成功的文化脚本。成员们被社会化了,期望自己和他人都能取得高成就。因为伟大的成就标志着一种道德的历程。关于职业呈现方式的文化脚本代表了这个世界将规范向个人传递的主要渠道。

我接受的训练是期望得到某种类型的工作,如果我没有得到那种工作,是不可接受的或是被人看不起的。当你读研究生时,你会受到导师的影响。他有一份工作,那就是研究;他有独立性,他自己决定他想做什么。你还可以看到谁在专业会议上得到尊重,谁得不到尊重。你会得到这样的印象:那些最终进入偏僻的应用领域和开发领域的人,当他们回到他们接受教育的大学(与人交谈)时,他们会感到难为情。[14]

相比之下,声誉较低的学校会向学生灌输一种对未来地位发展更为谦虚、更为务实的观念。个人以变色龙般的方式呈现其所处社会制度的许多特征。我们不仅在上述以成功为准则的科学家身上看到了这种模式，而且在那些因学校背景而获得成功的科学家身上也看到了这种情况。

一位在威廉与玛丽学院完成博士研究的科学家就是一个很好的例子。考虑到他的学校背景，整个社会（但不一定是他本人或亲密伙伴）给他的人生际遇贴上了"潜力有限"的标签。这类标签是基于一种社会认可的假设（即"成功"按高校的垂直分类系统分层）[15]。特定类型的学校被认为能带来某种程度的成就。毕业生被贴上的标签是通过评估他们所就读学校的价值和潜力而形成的，与个人的能力无关。因此，精英学院的毕业生是"有前途的"，尽管有些人在学术上有缺陷，但其他院校的毕业生更容易被忽视，或者完全被看不起，哪怕其中很多人都拥有非凡的才华。

因为这位来自威廉与玛丽学院的科学家现在发现自己不可思议地成了学术精英中的一员，所以他的经历被叙述为成功的形象。过去没有人指望他，甚至连他自己也没有料到会实现这样的成就。

我在威滕堡大学读了本科，这是俄亥俄州的一所小型文理学院。这所学校挺不错，但就物理背景而言，水平大约是我们教授给物理学本科生内容的一半。它不是一个研究生的预备学校。后来我去了威廉与玛丽学院读研究生。这也是我当时最好的选择了。有件有趣的事情，但我没跟太多人说过：当年我没有以研究生的身份被现在这所学校录取，但如今我在这里拿到了终身教职。我是一个靠恐惧驱动的人。我想确保我没有搞砸。我不想在这所排名靠前的大学教得很差,而我本以为自己进不来。这是一个很棒的地方,它对我职业生涯的帮助大大超出了我的想象。[16]

在学术职业生涯开始之前就怀有雄心,这不是社群主义者的习惯特征。回想一下,他们更多的时候是在多元主义学校而非精英学校完成研究生教育。与精英和多元主义者相比,社群主义者早期的愿景范围更为有限,或许更为务实。就像威廉与玛丽学院的毕业生一样,这些人使得我们开始关注一种他们所信奉的适度愿景,这与他们上学的环境相对应。

我没有目标去做这件事或那件事,我不是很有野心。除了物理之外,我还有很多其他的兴趣爱好。事实上,我把这么多时间花在物理上是我没有料到的。我很喜欢运动,我花了很多时间打网球。我也会做其他运动。我年轻的时候,花了很多时间与女人约会。如果你在我年轻的时候问我,当我60岁的时候是否会成为一名物理教授,我会说"可能不会"。[17]

我曾以为我想在一所大学教书做研究。但就职业理想而言,我只想做其他的事情。我希望最终能够成为终身教授,但我没有任何宏伟的理想和抱负。我想我的大多数同学或多或少都想做我想做的事情,那就是获得大学教职,把教学和研究结合起来。我认为他们中的一些人对教学感兴趣,并希望以此作为他们的工作重点。[18]

青 春 迷 雾

　　初出茅庐的物理学家进入的三个学术世界使他们面临一个特殊的问题：他们将如何实现自己的抱负。个人的期望和在能力和环境的限制下实现这些期望之间形成了鸿沟，并造成了一种个人危机，解决危机的关键在于成熟。"实现成熟"描述了当前看待过去的样子。

　　研究生就像个婴儿。尽管一名研究生对人生图景已有所了解，但是在人生的长途中还是个婴儿，会遇到许多日常的、跳跃式的问题。从某种意义上说，一名研究生太忙了，以至于没有时间对生活产生什么真正的看法。所发生的变化是，你可以审视自己——这是衰老令人愉悦的方面之一——以一种你在研究生院永远无法做到的方式来理解自己和你的职业，因为你太接近它了，太沉浸在整个事情中了。年轻的时候，你的目标很高，但有时也会比较冲动。随着年龄的增长，你会对自己和自己的位置有更多的了解，因此你可以调整自己，对生活和事业图景进行更精准的定位。[19]

　　上面的科学家描绘了第三人称的自我认同。他解释了自己的观点，也概括了它的适用性，这些观点强调了从年轻的理想主义到现实的自我评价的转变。

　　我对问题的选择很有计划性。当我作为一个年轻的理论家写我的项目申请书时，我所做的事情和我说要做的事情之间有着非常不确定的联系。而现在的我写项目拨款申请书时，我非常确定我会在哪些方面取得进展。从某种意义上说，这些愿望是长期的。年轻的理论家嗅到了花香就会试图迅速杀出一条血路。而现在，在我职业生涯的最后 25％ 的时候，我希望有一些我可以为之作出贡献的项目，并且我知道这会产生一些影响，这比我年轻时候花费的时间更多。抱负的改变在于，你对自己是谁以及如何适应职业生涯有了更深入的了解，并据此指导自己的行动。[20]

　　当你 25 岁时，你认为你可以找到宇宙的答案；当你 55 岁时，你意识到你将在 20 年后死去，你不会再去寻找宇宙的答案了，它会改变你做事的优先级。物理学中有很多浪漫主义，但我想引述一句史蒂文·温伯格[21] 的话，他说："最后，我们对宇宙的理解越多，它就越显得毫无意义。"我想在我年轻的时候，我认为物理学会在某种宗教意义上给出最终的答案。但现在我不再有这种感觉了。这样可以降低一些强度。[22]

　　职业生涯的起点推动了自我的发展。回头看来，起步往往是年轻的，并且可以通过与青春的一些联系而被理解：理想主义、浪漫主义、无畏、不朽。

　　自我认知的演变源于人们在工作生活中的经历。对能力和做出重大发现机会的自我评估，往往建立在对实现这些目标所需要的天赋(和运气)越来越清晰的认识之上。

你会明白这有多困难。当你是一名研究生时,你幻想着追随费米[23]的脚步。在花费很长时间后,你就会意识到他们到底有多聪明,他们让事情看起来很简单。所有这些伟人都让这一切看起来很简单。你可以想到这样做,但那是因为他们已经做到了。每个人在读研究生的时候都很浪漫。我想我会成为另一个费米。这是一个浪漫的景象。我已然意识到费米是多么的聪明,在他的职业生涯中,他一直在做原创性的工作。他是个不寻常的人,是百年一遇的人。[24]

作为一名研究生,我对什么问题能做、什么问题不能做一无所知。我渴望解决那些需要更多脑力的问题甚至是不可能解决的,即关于原始宇宙的事情,宇宙在最早期是如何进化的。现在我明白了。我知道那些都是不切实际的目标。我们对物理学还没有足够的了解,现在还不能解决这些问题。所以现在我的目标更现实了。当你学习更多的科学知识时,你会意识到有更多更现实的目标。这个问题的答案很简单:当你学得越多,你就会发现什么是可能的,什么是不可能的;什么是可行的,什么是不可行的。[25]

根据经验发生的自我认同的变化构成了人们道德秩序的动态方面。变化集中在一个基本问题上:考虑到行动迟缓和失败的问题,职业成员如何认同他们的工作?这个问题一直是此前一些社会学研究的主题,由此产生了强调中心发展主题的概括。"关于社会化研究的文献中,生活被呈现为从年轻时的理想主义到某种现实的流动动机的转变,包括多少令人满意的调整,这些调整将行为潜力和身份限制在可接受的范围,个人对这一范围产生坚定的承诺"(Faulkner,1974)。在一项对管弦乐演奏家和曲棍球运动员的比较研究中发现,"支线"或小联盟的成员意识到自己在专业中获得成功的机会渺茫后,开始出现一系列行为:他们强调自己目前的职位对个人的好处;他们评论了晋升所需的成本;他们努力获得一般水平的认可,而不是追求卓越的成就;他们将重心从工作转移到生活的其他方面,尤其是家庭;他们所强调的是一种带有理性算计或功利取向的职业认同(Robert Faulkner,1974)。我们在科学家进入各自的工作领域后所作的调整中发现了许多这样的模式。例如,我们在第二章中看到了多元主义者如何强调他们所在位置的优势:他们认为自己在进行重大科学研究,却没有感受到那些困扰精英的压力。但在其他方面,科学家、音乐家和运动员之间的比较并不完全一致,并不是所有的科学家都渴望在特定类型的机构工作,尽管大多数科学家对不同类型的学术环境多少还有模糊的想法。与体育和表演艺术类职业相比,学术职业的组织性要弱得多。体育与表演艺术类从业者,有一条明确的职业线。在小联盟的表现决定了一个人在大联盟的职业生涯。因此,小联盟成员的职业期望都以被大组织选中为目标。

乔纳森·科尔(Jonathan Cole)和斯蒂芬·科尔(Stephen Cole)曾提出这样的一个问题:在诸如科学界的社会系统中,个体是如何处理失败的。当然,失败应该用相对的而不是绝对的词语来解释,因为很少有科学家(或其他人)认为自己是彻底的失败者。大多数人倾向于以当地环境允许的方式将自己定义为成功者。因此,我们可以说相对成功。科尔兄弟指出,科学家很难在科学结构中找到他们"失败"的理由,因为他们相信科学是公平的。相应的,科尔兄弟声称,科学家们不得不求助于他们自己来解释"失败"的原因。

然而,科学家认为科学是否公平是一个重要的经验问题[26]。那些认为科学是公平的人往往是获得最大回报的科学家,因此他们能够将自己的成功归因于自己的能力,这也是合理的。相反,不太知名的科学家可能更容易看到学术机构的部分功劳(也可能看到他们自身能力的缺陷),因此他们可能将地位归因于自己和工作结构。

同样,科学领域之间和领域内部的差异普遍存在。在失败的时候,物理学家们可能更倾向于将责任归咎于院系,因为他们依赖于这些院系获得资源和支持。数学家通常是独行者,更有可能自责(Hargens, 1975)。类似地,理论家们可能更倾向于自责,因为他们的工作往往不考虑其他外部需求。相比之下,需要做实验的学者可能更容易责怪他人[27]。

科学家在其职业生涯中所作的调整在很大程度上是根据具体情况而定的。他们对工作的期望是多种多样的,而不是千篇一律的。此外,个人优先考虑的事情各不相同,这反映了学术生活中奖励的多重体系。这 60 位科学家的自我认同如何开始显现,在很大程度上取决于他们研究的学术领域以及随后进入的学术世界。

世界间的差异：职业终点

欧文·戈夫曼提出了"冷处理"(cooling out the mark)的概念。"冷却"(cooling-out)是一个过程。在此过程中，人们可以适应与预期不符的情况。在制定过程中，"冷却者"用其他的"奖励"(prize)代替个人最初追求的奖品或目标，以使未能赢得最初的奖品看起来不那么糟糕。

所有的科学家在开始他们的职业生涯后都会经历冷却期。他们的期望会逐渐适应年轻物理学家的角色，但他们的职业生涯却以不同的方式冷却下来。借用比喻，即他们的职业生涯先是冷却到职业温度计上的不同温度点，然后又从不同温度点开始上升[28]。他们进入的学术世界允许他们的职业朝向不同的方向，以不同的速度，带着不同的期望发展。其中最重要的是自我观念的改变。人们会重新考虑，并且经常会重新审视自己在职业生涯早期的抱负。

戈夫曼将"冷处理"作为一个社会性项目，而在学术世界，每个人是为自己完成这一过程。这些科学家中的每一位都从可用的机会中建立起一个自我定义，从而产生了一个"情景身份"(situated identity)(Mills，1940)。他们需要将自我定义和可用的机会相匹配。正如我开始时解释的，理解一个人的处境以"发现"自我认同的过程是从研究生教育开始的，伴随着社会化和专业自我形象（无论多么浮夸或自欺欺人）的形成。一旦这个过程开始，它将贯穿整个生命历程。

这个过程构成了一种理解自我的方式,因为它承担了每个人行为的累积后果,形成了个体自我认同的特征。

社群主义者

社群主义者对自我和职业的看法发生了最明显的变化。他们进入的学术世界与其熟悉的学生时期形成了鲜明的对比。对大多数人来说,这个新世界是他们从未了解过的[29]。有些人来自精英阶层,还有许多人来自多元主义世界的学校,那里的研究项目通常与精英学校的研究项目非常近似,有时甚至完全相同。和其他几位科学家一样,下面引述的这位科学家在一个有着杰出物理学研究传统的重要研究机构——加州大学伯克利分校——度过了他的研究生时期。

我以为我可能会有一些很好的研究发现,但后来意识到,像爱因斯坦或牛顿的重大发现,可能完全不在我的掌握之中,现实就是这样。但我想如果运气好的话(很多有趣的结果都来自纯粹的运气),我可以或者可能会偶然发现一些以前从未被观察到的东西。我想,总有一个合适的机会能让我找到一些新的东西。但后来考虑到我的进步速度,我意识到自己不可能完成比现在更多的事情。在我剩下的工作时间里,我可以做一些有成效的工作,很有可能我不会有任何重大的甚至是微小的发现。我认为,如果一个人的天赋有限,那么所做的贡献就相当有限。我想现在我的贡献将相当有限。我可以回头看看哪些机会从我的指间溜走了。[30]

在人们如何看待他们参与该学术领域的范围和影响时，社群主义世界施加的结构性限制是显而易见的。约束有多种形式，但总是被认为是对一个人能走多远的限制。他们缺设备、缺人，专业领域专家较少，研究生入学率低，研究援助和资金有限，主流期刊发表也更少（见表3-1）。因此，机会本身就是社群主义世界成员的结构性约束。

我一直是独立工作，我没有很多合作者。我和学生、博士后一起工作，但我还没有和这个领域的大人物合作过。如果我这样做了，很明显这会让我的贡献更大，因为他们拥有更多资源。我本可以通过这种方式作出更多的贡献，只需要付出更多的努力即可。这可能会提高我的声誉，因为我将与（其他）更了解的人联系在一起。可以这么说，只是为了参与其中，（所以）和其他群体产生联系。[31]

我希望（这所学校）有更好的声誉。我认为它仍然享有师范学校的声誉。在杜克大学获得资助比在这里容易得多，因为就华盛顿特区而言，杜克大学是一所知名的学校（主要科学资助机构所在地）。[32]

我没有与他人合作。我发表的所有论文都靠我自己。当我申请拨款时，他们（评论员）都认为我的研究问题看起来很有趣，也很相关，但我还是不能得到联邦政府的资助，仅仅是因为我没有与他人合作。在这个特殊的时代，如果没有资金，很难找到时间和资源来做研究。不依靠资助进行研究的情况已经绝迹了。[33]

对一些科学家来说，学术世界正在坍塌，期望完全破灭了。他们的职业生涯与他们先前设想的完全不同。以前被视为专业的研究工作现在看来更像是一份普通的"工作"。以社群主义者特有的方式，科学家们有时会在专业领域逐渐失去热情，甚至走到停滞不前的地步（在其他两个世界中找不到职业生涯已经基本停止的情况），科学家仅仅保留了学术角色的基本要求——授课。在构成社群主义世界的小部门中，成员学术生命的"死亡"不是秘密（如果发生在更大的精英部门，也不会是秘密）。

有人把自己的研究看作一种工作。他有很多业余爱好，这和做银行经理没什么区别。我在年轻的时候，也曾希望从事教学和研究两方面的工作，但继续做研究很困难。这可能是因为对自己的研究没有足够的兴趣，也无法在一个完全靠自己努力的系里坚持下去。没有良好的机械加工设备，没有技术帮助，必须自己做所有的事情，这并不容易。如果是在哈佛或耶鲁，你会得到很多支持，你的教学职责将会减轻。所以这是非常困难的。他不想付出如此巨大的努力。所以他没有晋升为正教授，他仍然是副教授。[34]

即使是那些没有精英学校背景，或者没有因为这种背景所传递的远大抱负进入社群主义世界的人，也不得不对职业发展的愿景做出调整。尽管一些社群主义者最初的愿望是务实的,但他们中的许多人仍然发现学术世界无法满足他们的目标或利益。

我去了俄亥俄州立大学(作为访问助理教授),并在某种程度上参与了学术竞争。我想去一所像俄亥俄州立大学或者其他排名前十的大学,或者有相当完善的研究生课程的大学。我必须承认,在欧洲进行了博士后研究再进入东北大学后,我有点失望,因为(这所学校)在物理方面的建设还不是太成熟。[35]

我很清楚自己未来的十年、二十年想做什么。我当时打算组建一个相对强大的工作小组。如果我能招募到能够支持我及我想做的事情的人来,并且可以与他们互动,我们就能在天体物理学,恒星演化,或者核天体物理学领域成立一个很好的工作小组。最初它看起来很有希望,但后来未实现,所以我的抱负在相对早期的阶段就被削弱了。在最初的五六年里,我看到在这里什么都不会真正实现,承诺也没有兑现。我想做研究,我真的想把研究工作做得非常好,就像大多数研究人员做的那样。我要说的是,我的愿望根本没有实现。在这种程度上,我一直都非常不满意。这是非常没有意义的。我的职业发展有点受挫。我今天没有做到我预期要做的事。因此人要学会释放这些幻想,面对现实,接受别人给你的东西,并尽你最大的努力去做。[36]

毫无疑问,在社群主义者的学术世界里有一些快乐而满足的物理学家。但也有一些科学家看起来很痛苦,正如上面很多描述所传达的那样。那些批评工作机构的人最有可能在社群主义者中找到。这里有一种抱怨的文化,并宣泄着一种不满情绪。这个世界似乎经历了最严重的政治冲突——至少它的成员们倾向于在他们的自述中引入动荡的故事。

在学期开始时,校长在教职工大会上说这是一个具有"无限可能"的学校。当时全体教职工都笑了,我想他真的不明白他刚才说了什么。仅仅存在可能性是不够的,必须要实现其中的一些。这里本有机会开设材料科学课程,但唯一的反对似乎来自内部。如果你问我为什么,我不知道。我认为这所大学正在像商业组织一样运作。总有最好的成员离开,因为他们是唯一可以离开的人。所以最后大学留下的教员是其中最糟糕的部分。[37]

说到高等教育,(这个州的)政客们说是一套做又是一套。他们的误导到了欺诈的地步。这是令人失望的。例如,这所大学现在如此努力地进入 IA 级①(体育),橄榄球的 IA级。这里的每个人都必须参加橄榄球比赛。(他们)对此小题大做。但我的课堂上没有一台投影仪能正常工作。学生们桌椅很破旧,教室里的投影总是有问题,它们不能下降,也不能升高,总是破烂的。你很难弄到粉笔。当你不得不忍受那样的破事时,你会很沮丧。从这个意义上说,你会对管理者相当不满,不管他们是谁。[38]

———————

① 译者注:Division I-A,是美国大学橄榄球的最高级别。

在伯克利的物理系,没人想当系主任,因为系主任通常都只是管理些日常事务。但是在我现在的这所大学里,系主任控制着很多事情。他控制着很多钱。很多研究小组都通过这个系从大学获得资金。是否处于一个重要的政治位置对学者的生存极其重要,不幸的是由此导致了派系斗争。[39]

20 世纪 70 年代,三所社群主义学校中有一所失去了授予博士学位的资格。这个项目实施的时间很短(只有 5 年左右)。在长期以来专业人才供过于求的情况下,许多人质疑是否有必要在物理学(以及其他领域)开设很多的博士课程[40]。然而,规模经济也影响着生活进程。对于那些在博士学位项目成立时就来到这个机构的科学家,以及那些在这个项目开始之前,博士课程已经成为生活中不可分割的一部分的科学家来说,失去一个博士研究生项目会导致他们部分自我认同的衰退。尽管他们的专业自我适应了环境,但也并不是觉得毫无损失。

我想说,我的一些愿望要么没有实现,要么只是部分实现了。对我和系里的一些同事产生严重影响的是,在 70 年代末,我们失去了博士学位的授予资格。管理高等教育的州委员会认为,该州的教育项目太过冗余重复,他们四处查看了所有的博士课程,并决定削减。没能待在一个有博士生的系,这真让我失望。[41]

对其他少数人来说,这种变化的影响微乎其微。但请记住,正是在这个社群主义的世界里,我们最常发现那些强烈认同教师身份的人。对于那些声称一开始就以教书为首要愿望的人来说,这个世界提供了一个舒适的避风港。随着时间的推移,你在他们的自我身份上看到的变化比那些拥有更强烈的研究愿望的人要少。正如我在第二章中解释的那样,教师职业相对来说是不分阶段的。因此,如果一个人的职业生涯只局限于课堂,那么他的自我认同只发生很小程度的变化也就不足为奇了。

我的志向是成为一名教员,主要从事教学工作,同时做一些研究工作。总的来说,这已经实现了。这是我的希望。我不希望待在一所大学校,或者说,一所授予博士学位的学校。我在本科学校会很开心。我们不在一个培养博士的系,所以没有博士生。在我看来,主要的区别在于,博士生的工作年限是 5 年,他们在 5 年的时间里花 4 年参与研究。对于任何一个物理系,能拿到授予博士学位的资格都是一件好事。但是,我认为这所大学可能更应该担负起硕士和学士学位的教学使命。[42]

多元主义者

多元主义者的冷却方式是不同的。在社群主义者的世界里,我们经常听到科学家们如何彻底地改变自己的观念。在许多情况下,与其说是必须满足于拥有更少的东西,不如说是许多人觉得他们必须接受与他们曾经的期望完全不同的东西。多元主义者也会冷静下来。但最终这个过程让大多数人的心态变得与社群主义者不同。大多数的多元主义者对他们进行重大科学工作的能力保持信心，然而，认为自己拥有取得伟大成就的前景已相当黯淡。之前他们的目标集中在非凡的成就上，现在他们的计划已经放宽到做"扎实"的工作。用福克纳的话说，他们不再追求卓越的成就，而是在一般的认可水平上调整自己的观念（Faulkner，1974）。在进入这个世界后，接触的人和从事的职业塑造了他们的世界观。

我觉得如果你与你同级或更高的人交往，你的能力和技能会得到锻炼。我想说，现在这里没有多少人的能力比我高很多。如果我处在一个有比我更优秀的人，而且我可以和他们经常交流的地方，我的思维可能更敏锐。这里的人是可比较的，可能好一点，可能坏一点，但都不是比自己优秀很多的人。休假时，我去了一个地方，那里的人都比我优秀，我发现我的思维得到了训练，我的能力得到了提升。你确实能够看到进步。从这个角度来看，我会说我可能确实过得很痛苦。[43]

我想当你是一个研究生的时候，你至少对那里的结构有一个大体的看法——什么样的大学在哪些领域开展研究，以及他们处于什么样的氛围中。当你走到越来越高的地方时，人才的通道会逐渐紧缩。你通常会在最好的地方做博士后研究。我在哈佛读博士后时，也收到了普林斯顿的邀请。每个地方可能每年会招聘两名博士后，但他们三到四年可能都不会在你的专业领域提供一份教职工作。所以你最终会在职业位置上向下移动一点。我想如果我在麻省理工或者普林斯顿这样的大学工作，可能会有更大的动力，因为你周围的人都是世界上最好的学者，他们会让你知道这一点，并激励你更加努力工作。但我现在处在一个更放松的氛围中。我不像以前那样有紧迫感了。以前作为一名研究生，我非常想在物理方面取得成功，我每天都把很大一部分时间花在工作上：11 点左右起床，工作到下午 5 点，回家吃晚饭，然后继续工作，直到午夜，然后上床睡觉。但我现在去做别的事情了，我已经结婚了，有了工作之外的生活。[44]

请注意对物理之外生活的说法。家庭和课外的讨论在多元主义者和社群主义者的描述中很明显，但在精英阶层中很少。这一点特别值得注意，因为访谈的问题是关于学术职业的，并没有直接询问家庭或休闲的问题。实际上，这三组人在采访中都暴露在相同的"刺激"之下，但他们对这些刺激的反应却有所不同。在精英阶层中，工作是叙述的唯一焦点。生活的所有其他方面，甚至那些可能影响职业生涯的内容，都被排除在评论之外。

按照戈夫曼的说法，非工作的满足感可作为工作的一种认同和报酬的替代品，在多元主义世界中的成员因为无法实现对工作的认同和奖励，所以通过放弃对伟大科学成就的追求，转向生活的其他方面来弥补损失。

我的理想是去一所声望更高的大学，最初是伯克利大学、哈佛、麻省理工，类似于我学生时代去过的地方。作为一名学生,我能够进入最好的项目……理想的情况是,在那些顶尖的机构中工作成为一个成功的科学家。现在总的来说,我对生活、事业和机构的看法已经改变了很多。我觉得我庆幸自己不在那里。因为在我现在所在的二线院校工作已经够难的了……我现在正在寻找更稳定的个人生活。我想花些时间在工作以外的事情上。比如,我的家庭——我只有两个孩子。那对我也很重要。[45]

终极的成功是一个完整的人生,是将人生的各个组成部分全部放在一起。物理学只是你生活中的一部分。如果物理学是你生活的全部,那么你不可能获得终极的成功。终极的成功是在你每天早上起床时能够有一份你喜欢的工作放在你面前;你的余生有你的家庭,你的孩子,你的朋友和所有其他的活动,而并不是获奖或诸如此类的事情。这些东西共同组成了你的生活。你的妻子有一份事业,她做得很好,她很开心;你的孩子也很优秀,长大后会去追求他们能做好的事情。[46]

具有讽刺意义的是多元主义者的反思。在第二章中,我描述了多元主义者如何构建一种现实,并在有利的条件下建立他们的"中间"位置。他们奉行中庸之道,因为他们不再处于之前在精英学校所感受到的紧张氛围中。然而,大多数多元主义者在精英机构完成了他们的研究生学习和博士后工作,因此,他们在职业社会化的过程中已经有了宏伟的愿景。许多多元主义者讲述了他们如何希望进入一所能够与学生时代所熟知的学校更具可比性的学校。因此叙述中的讽刺源于他们要适应一个低于预期的环境，他们会否定自己曾经希望进入的机构。

我原以为我会去一所顶尖的研究型大学，但并没有实现。我现在的这所学校不是一所精英研究型大学。我总是告诉人们，从学术上讲，我们有一支很棒的团队。但这不是我想象中的自己应该所处的地方。我一开始以为，如果我是世界上最伟大的天体物理学家，我最终会去普林斯顿、哈佛、芝加哥、伯克利或类似的地方。但我想我没有意识到在这些地方存在的竞争。那些地方没有任何工作机会，这有点棘手。如果我足够出色的话，可能就会创造出一份工作。[47]

我以为我最后会进一所比这更好的学校，可能是西北大学之类的学校。后来我去了现在的这所学校，那时这所学校有一个研究小组，但我从来没听说过。这所学校当时在我们那里并不出名。但它有我需要的所有基本材料。只是不像自己一直渴望去的地方那么有名。我不太了解这里的生活方式，它看起来可能没有加州那么好，但我觉得这里的天气比芝加哥好。交通没那么糟糕，而且这里似乎是个养家的好地方，因为物价不高。我可以来这里买房子，这是我从来没有想过的。我对在这里挣钱相当满意。[48]

正如下面引述的科学家所说的，随着时间的推移，这种适应在某种意义上是程序化的，无论是对精英、多元主义者还是社群主义者。一方面，这位科学家可能会信守诺言；另一方面,我们看到了戈夫曼的观点:另一种安排被巧妙地替代了,这使科学家们真的相信这是他想要的。因此,过去似乎是个人与他所经历的社会环境之间的完美匹配。

是的,我认为(这就是我想去的那种大学)。它足够好,有研究方向,但它不是顶尖的大学之一。我真的觉得我没有多少机会在哈佛或类似的地方获得教职,所以这所学校似乎很符合我的能力和兴趣。我从未遭受过任何拒绝。我申请过的每一个学校都给了我工作,因为我总是非常谨慎地申请适合我天赋水平的学校。回想起来,我总是把自己限定在一个我曾经成功过的水平上,这似乎是相当不了不起的。[49]

精英

最后,精英群体的冷却仍然构成了一种不同的模式。进入精英的世界,科学家们放弃了他们最宏伟的愿景。正如早期文章所显示的,他们看到自己变得更加"现实",希望追随牛顿、爱因斯坦和费米的脚步被搁置一旁。

但与多元主义者或社群主义者不同的是,精英们继续对取得重大科学突破抱有希望。问题不在于他们能否取得成功,而在于他们能达到什么水平。尽管他们放弃了幻想(无论如何,这可以被看作年轻人的理想主义),但他们的动力无法撼动。在他们所处的世界里,几乎所有职业生涯的例子都能证明科学家可以取得的伟大成就,除了很难达到爱因斯坦和哥白尼的高度。按照简单的标准,他们已经达到了职业的顶峰。因此，很容易理解为什么许多人声称，尽管他们放弃了最浪漫的期望，但他们的愿望却仍在增长。

恐怕我的雄心已经变大了。我现在想做点好的事请，用一种焦虑代替另一种焦虑。首先，我有一种生存焦虑。现在，我感到焦虑不安，因为我在重要的研究型大学里有一个稳定的职位，很少有人有过这样的机会。我真的没有理由放弃。如果我做得不好那就是因为我不够聪明。[50]

这位科学家阐述了一个更普遍的模式。精英们声称，他们的职业生涯之所以会停滞不前，只是因为他们自身能力有限。他们所处的环境被视为促进性的，其在结构上有利于开展重大科学工作。因为拥有众多能干的同事、研究生和博士后研究人员，获得科研资助和发表相对容易，拥有现代化、技术先进的设备和技术人员。在这个世界上，几乎所有的人力、物力和财政资源都已用到主要的研究工作（见表1-2）。因此，人们认为担子直接落在个人身上。

对于那些可能做出伟大发现的世界来说，它所描绘的蓝图是如此接近完美（对于那些致力于研究的人而言），以至于外部成员可能将其视为虚构的世界。

（这所学校）从任何意义上都没有限制过我的职业生涯。没有什么是我想追求却因为我在这里而无法追求的。（这个地方）允许我做任何我想做的事。[51]

（在这里）是最棒的事情。这是一个很棒的机构，有很棒的同事。我从一开始就得到系里的大力支持。这里的学生棒极了。当你不知道一些事情的时候，总有人能帮你回答。这太棒了。我不想离开。你知道我已经在这里待了很长时间。[52]

社群主义世界包含着许多不满情绪的元素，成员们对自己的处境和陈旧的制度表达了不满。精英们则讲述了一个不同的故事。这个机构被塑造成一个天堂，一个无拘无束的精神温室。

我认为（这所大学）极大地促进了（我的职业生涯），因为（这所学校）是一所非常好的大学。他们给我提供了做事的机会；他们给了我很大的支持。这真是莫大的荣幸。[53]

（在这里）获得资源并不难。这所学校的管理工作非常高效。我在这里很少遇到所谓的大学政治。我听说了其他大学里一些人的故事，这总是让我有点想知道我是如何设法逃脱的。[54]

控制源

科学家对工作世界的不满与他的威望成反比。当一个人走出精英阶层，进入多元主义者和社群主义者的世界时，对大学的抱怨就会增加[55]。多种因素的组合最有可能解释这种模式，包括资源的缺乏和机构的管理结构（Blau，1973）。

从精英世界到社群主义者世界的转变指向了相对更稀缺的环境。财富、科学基础设施以及声望方面的不平等，吸引和留住了不同的资源，无论是人力、物力还是财力。这些条件反过来又创造了不同的职业机会（Crane，1965 et. al.）。同样，它们也会导致不同的个体满意度。在资源极度匮乏的世界里，我们期望找到控制资源的政治集团，从而找到实现雄心壮志和获得认可的渠道。

此外，制度的治理结构可能影响工作生活的质量。在本书中，精英大学的特点似乎是分散的制度控制体系。也就是说，主要的权力通常被授予教师，而不是行政管理人员，如院长或教务长。这可能源于各个职员凭借在不同领域中的地位而享有的权威。管理者很难告诉精英们该做什么。因此，决策是自下而上做出的，这创造了一种文化环境。在这种环境中，个人相信他们自身控制着影响其职业生涯的主要力量（Clark，1968）。

相比之下，多元主义和社群主义的大学治理结构似乎呈现出更集中的形式——主要权力被授予系主任、院长和更高级别的行政人员，因此他们在自上而下的结构中对资源、政策和人员进行控制。教职员工不仅抱会怨资源匮乏，还会抱怨他们似乎无法对上级下达的决定进行控制。

世界内的差异：职路分歧

尽管每个类型的学术职业都有三种主要趋势，但其中都有一些科学家的职业生涯偏离了各自的规范，它们通过在某些阶段加速或减速而脱离典型的通道。这些偏离可以被看作一个分流的过程，即个体从各自世界中典型职业道路的任何一点脱离出去。这些分支有时会交叉并交织在一起，因此一个世界中有一部分人的职业与另一个世界中一些人的职业相似。对于多元主义者来说尤其如此，他们的世界由一群动机、承诺和认同各不相同的人组成：一些人接近精英群体；其他像社群主义者；还有一些表现出多元主义者所独有的特点。

精英

精英们反思过去的主要模式是将雄心重新调整为更现实但仍然崇高的目标。这种模式在年轻人和老年人中都很明显。然而，有些人回忆起的过去是放慢脚步或偏离轨道。那些减速的人通常都充分意识到他们的道路代表着与标准不同的东西，他们似乎必须去寻找线索来解释原因，哪怕只是为了在他们曲折的职业道路上实现连贯性。

我从对"杰克·费尔德曼"（Jack Feldman）[56]的描述开始讲起。费尔德曼现在已经 67 岁了①，在我采访他时他已经在大学任教 15 年。在那之前，他在一所物理学发展不太突出的精英机构任职。我在上面引用了他的部分描述，包括他早期的愿望——想要走上他的导师，康奈尔大学获得诺贝尔奖的费曼和贝特类似的道路。

他的叙述阐明了他的职业生涯与道德秩序的背离点。

---

① 　译者注：采访时间为 20 世纪 90 年代初期。

尽管他的叙述的某些方面可能是独特的,但其他方面构成了一个更普遍的主题,适用于那些正在徘徊、偏离正轨或选择离开正轨的人。这些方面包括对与职业生涯改变有关的转移活动的说明:研究的放缓,有时甚至退出当初吸引他进入科学界的研究领域;寻求连贯性,以试图解释或至少理解出乎意料的职业路径;有时是寻求如何从失败中恢复过来,或如何对感知到的损失进行补偿。

你说过当你还是研究生时,你想做一些重要的事情,像费曼一样。 研究生毕业后你的抱负是如何实现的?

我过去一直想这么做。我一直都想做,我现在仍然想做,有趣的物理能给我带来尊重。我现在更清楚(我的抱负)了。我有一辈子的时间去探索。我也很清楚我的生命将在不久的未来结束,所以我已经不太热衷于实现这些愿望了。当我四十岁的时候……在来这里之前,我正处于事业的巅峰。我去了所有最好的暑期学校,参加了所有最好的会议,做了很多重要的演讲。那时我的愿望正在实现。我应该高兴才对。但我没有,虽然我做得很好。

你为什么不高兴呢?

个人的问题。在我生命的那段时间,我的工作做得非常好,主要是我自己来做。我还和一些学生一起工作,但所有好研究都由我自己来完成。我晚上工作很长时间。我最好的工作时间是在晚上 10 点到早上 6 点之间。我记得我有时会整晚待在办公桌前,这完全是我的个人问题,这让我非常痛苦,但同时我又对物理学感到非常兴奋,并能够写出好东西。我最好的论文大部分都是在这样的条件下完成。我坚持做物理研究，因为科学界之外的生活不太好。所以我想让物理帮我保持清醒。这也是使我一直保持理智的东西。我紧紧抓住物理，就像抱住一个救生球，因为我知道我能做到。[57]

到目前为止，在他的叙述中，工作被视为一种避难所。工作是一种现实，为经历过失常事件的生活赋予了意义。此时，费尔德曼的事业蒸蒸日上。他声名鹊起，很快，世界上最著名的物理研究中心就给了他就职机会。然而，这段时期不只是一个方面的转折点。他的职业生涯一直在加速，获得了认可，并激发了他的雄心，但不久，他的职业生涯就发生了变化。

我发现我是一个非常情绪化的人。我很珍惜亲密关系，我需要和人们交谈，需要朋友，我可以和他们谈论情感的事情，包括谈论我的人际关系和生活中的其他事情。我以前的生活过得非常非常单调。我的生活就像物理学研究一样，我总是和说同样话的人一起参加聚会。这是一场盛大的例行公事，你永远无法与任何人接近。你永远不会和任何人谈论什么事让你烦恼，什么可以做得更好，什么是你所喜爱的。那时候大部分的科学家们就是这样，很多人讲着非常聪明的笑话，但是没有任何人对此表现出真正的兴趣……如果提到任何与平时不同的事情，我的妻子就会躲开。

这一时期的结果是什么？

这段时期的结果是我离婚了。我发现我对六十年代发

95

生的事了解得还不算太晚,而且我做到了。

你的意思是什么?

我加入了所有我一直想加入的团队,但这一时期的科学研究进展得非常缓慢。这件事情已经发生了很多年,但我没有意识到。我因此变得很沮丧。当人们问我"你怎么了?",我会说"生活对我来说没有意义了"。他们会说,"什么? 你刚刚被邀请在这个了不起的会议上做演讲,你可以住在意大利的别墅里,你可以在不演讲的时候去湖里游泳。只要你愿意,你可以在地球上的任何地方度假"。但我仍感觉生活对我来说毫无意义。

你觉得生命已经结束了吗?

我觉得没有什么值得享受的事情。一切都是另一种折磨。我的家人和朋友说我完全变了。随着年龄的增长,我发现了越来越多我感兴趣的东西,我想把它们混在一起。我做了越来越多的其他事情,而做物理学研究却越来越少。在70年代中期,我很少研究物理了。我仍然会被邀请去做演讲,但是这个演讲内容已经是五年前的东西了。我的物理学研究生涯就像是在滑行。我个人的感觉是我从火车上摔下来了。70年代诞生了很多我不知道的物理学成果,所以我落后了。我在1980年重新开始研究物理,好事是我的头脑完全清醒了,我可以思考新的事物,然后我非常缓慢地回来了。我在1986年发表了一些关于混沌的论文……我在1991年再婚了。我准备在五年内退休。我对此有很多想法。我不知道我的物理研究将会是什么样子。那些已经退休的同事,他们实际上都在继续工作。他们的工作还和以前一样多。我想未来对我来说也是一样。

　　费尔德曼清楚地看到了自我职业身份的演变。他解释了转折点形成的原因和后果，以宏伟的幻想开始了他的研究；发表了后来被认可的作品，在某种意义上接近了他对自我的理想化形象，上升到引人注目的地位并带来了国际知名度；接着在职业生涯中期经历一系列的低谷，最终自我化解并实现部分恢复。

　　他的人生历程反映了古希腊悲剧中一段英雄的经历。古希腊悲剧的经典形式涉及很多行为及对主角基本信息的阐述，以戏剧化人所走的道路，使其复杂化。其中的主角被外部和（或）内部力量所反对，然后迎来一个个人危机或高潮，包括一段高度紧张的时期和最终一个或一系列具有决定性的转折点。在最后一个时期，主人公经历了逆转，实现了自我身份的变化，由此可能会带来或伴随其他一些个人和社会的变化，如权力的丧失、社会孤立和污名化、失范、堕落或虚弱。

　　悲剧英雄有时被说成是因缺陷或道德弱点而毁灭的，例如骄傲、自大或过度自信。另一些时候，英雄是因为某种美德而失败，比如勇气，而这种美德始终被认为不存在于普通人的世界中。随后，在一系列事件的解决过程中（通常会有一个结局），人物会看清过去复杂的事件，从而实现自我成长并获得新的自我理解。英雄会对周围的生活环境以及更大的秩序关系产生自我意识，无论是对世界的秩序，还是对较小的部分，比如工作、家庭，这些都是生活结构的一部分。悲剧戏剧化地表达了这样一种观点，即人们只有在受到这种巨大压力，甚至被部分摧毁时，才能看清楚这个世界。

　　尽管每个减速的科学家的细节在很多方面是特殊的，但他们总是围绕着一个共同的主题而变化：从工作中解脱出来。在某些情况下，科学家会重新投入工作，以一种新的声音和面貌重新出现。这些品质会在下面的叙述中提到，由一位杰出的空间科学家提供，我称他为"马丁·多伊奇"（Martin Deutch）。在 64 岁的时候，多伊奇讲述了发生在他 50 多岁时的一件事。那时的多伊奇开启了一段神奇之旅，寻找着他已故的父亲的足迹，大概是为了回答有关他个人和家庭故事的问题或寻找相关线索，走科研道路时他重新确定了新的方向。问题在于，如果他继续从事科学研究，他是否还能走得更远。事实上他放慢了脚步，有一段时间落后于研究前沿。当他退出的时候，该领域取得了很多进展。后来他发现自己已经不具备重新进入这个领域的能力，他面临的挑战是如何最好地运用他对科学的兴趣和雄心。和许多处于职业生涯高级阶段的科学家一样，他开始写教科书[58]。下面，多伊奇叙述了他在职业生涯中期经历转折的经历。

　　我一直想离开去做别的事情。我之前有一个关于第二次世界大战的大项目，这个项目让我停工了两年，三年，四年。50 岁的时候，我发现了爸爸的信。他从战争中一回来就自杀了。我母亲在战争期间和别人生了一个孩子。当我 50 岁的时候，这一切突然间吸引了我所有的注意力。我想我开始理解我的父亲了。这些信提供了关于他曾经在哪里的线索。我去了国家档案馆获取照片和期刊,后来我去了南太平洋,我去了菲律宾、新西兰和所罗门群岛,甚至他信里提到的一些大炮和坦克还在那里。我把所有的事情都放在一本书里,里面有父亲所有的信件,还有我的旅行日记。这个真实的故事里包含着一些非常人性化的东西,它记录了真实的生活。这就是历史,这就是传记。我认为人们就是这样被记住的。在我 11 岁以后,父亲就去参军了。我喜欢这本书的原因是它遗留了一些东西。你可以说这是我发泄悲伤的方式。我从未感受到和父亲彻底分离,从未歇斯底里,从未哭泣过。事实上我只是有点难过。

那时你几岁了（你父亲去世时）?

刚满 15 岁,是一名高中二年级学生。我姐姐总是说我太安静。他们总是担心我是否会自杀,因为我非常安静。不知道为什么,整个社会背景可能营造了不安全感,而这种不安全感驱使着许多人。

这种不安全感是什么?

你有多优秀? 你做得怎么样? 你是否合乎标准?[59]

其他的精英通过在某些阶段加速而偏离了典型的路线。当他们的成就超过了他们那个时代的标准时,他们就偏离了道德秩序。因此,他们被认为以更快的速度经历职业生涯。这也意味着他们比同伴更早进入后续阶段(如果他们的同伴与他们同行),并且他们将面临伴随着每个新阶段的更大的挑战。职业自我认同以一种反映期望的方式发展,期望往往与新的工作状态和对更多的期待相联系。正如之前所提到的,人们不仅扮演一个角色,而且还参与扮演一个"未来的角色"。

那些事业发展速度超过常人的科学家,通常会有一些发现,或提出一些想法,并以荣誉、奖励、引用等形式迅速得到认可。我们可以看到诺贝尔奖得主"艾萨克·戈尔茨坦"(Isaac Goldstein)的地位和地位期望是如何改变的。戈尔茨坦从研究员变成了发言人、倡导者和科学外交官。在某种程度上,他的研究仍然存在,尽管规模比不上其他诺贝尔奖得主(不在样本之列)。

当一个人赢得某种奖项时,各种要求也就接踵而至。首先,你会瞬间获得"睿智"的名声,因为每个人都想请你加入某个委员会。显然,人们认识你是因为你比过去更频繁地发表演讲。大家会希望你做很多事,而不幸的是,人多少都会有一种责任感,至少我有。在过去的几年中,我实际从事科研工作的能力降低了。整个夏天我只在家里待了几周,因为我被邀请去参加一个会议,就高能物理学的国际合作发表演讲,他们认为我应该谈谈这个话题。然后我去了俄罗斯的兰道,参加一场为诺贝尔物理学奖得主举办的会议,我去那里是因为要给学生讲课——那里有 600 名学生。在那之后,我去西西里参加了一个会议。我不得不去参加那个会议,因为那是一个关于高能物理学研究历史的会议,所以我就去做了演讲。在那之后,我进入了某个基金会的科学家指导委员会,因此我去了科罗拉多州。星期三我得去华盛顿,从星期三待到星期四,然后再回家。周日我还要去墨西哥待一个星

期,因为我答应在那里主持一个会议。回家后,在 10 月中旬
(大约两周后)我要去纽约为一所大学参加一场筹款活动。
三天后,我再去旧金山,给五百名高中科学老师演讲。从这
个行程回来后,11 月 5 日和 6 日,我得去圣地亚哥,参加一个
国家物理和天文研究委员会的会议。就这样一直没完没了
地工作。[60]

你得奖了高兴吗?

是的,我很高兴。听着,我很高兴。这一切都很有趣。
你只需要学会如何在一定程度上抑制这种高兴,这是我正在
努力解决的问题。我的观点是,如果有人想让我和学生们交
谈,我几乎从不拒绝。我觉得如果我能帮助年轻人对科学产
生兴趣,那正是诺贝尔奖的价值。[61]

多元主义者

转向多元主义者,我们再次看到科学家在不同的阶段减
速和加速。回想一下,多元主义的主要模式是着眼于较小但
却很重要的成就。多元主义人士比精英们更能抑制雄心。
然而,这种模式并不适用于所有人。承诺和认同的多样性建
立了多元主义的科学世界。在下面的叙述中,雄心在不同程
度上表现出来,有高于一般水准的,也有低于一般水准的。

"罗伯特·霍普金斯"(Robert Hopkins)选择了工作的方
向,并遵循了一条职业生涯和自我认同非常类似于社群主义
者的道路。霍普金斯现在 67 岁,准备明年退休。他的早期职
业生涯以一个被广泛认可的理论发展为标志,有一个以他的

名字命名的定理。但这一成就在当时并没有推动他的职业生涯发展，反而是今天成为他职业生涯的亮点。这也成为他唯一重要的一项工作。后来他的职业生涯逐渐远离了研究，这是他深思熟虑后做出的选择。他在系里赢得了同事的尊敬，大家都知道他是一位优秀的老师，有着温和的性格，非常标准地体现了多元主义者的能力，不仅宽容，而且能够欣赏不同职业取向的人。

对你来说最重要的是什么？

当我第一次来到这里（这所大学）时，我的一位研究生同学已经在这里任教了。在最初的几年里，我们合作了很多东西。他很有动力，他一直在工作，他设定了近期目标和长期目标，行为方式和我的完全不同。他会一直促使我前进。他会期待——不是因为他是老板或者其他什么，而仅仅是因为我们在合作——他会说，好吧，我们为什么不在周末做这个，这样我们就可以在周一做下一个，然后在周二做这个，等等。在某种程度上我愿意合作，但我肯定不会像他那样开夜车。而且我下定决心，我不想成为一个24小时工作的物理学家，我有妻子，有孩子，我有作为人的生活，这对我很重要，我并不强迫我自己成为最好的物理学家。当然这并不意味着我已经尽了自己最大的努力。不管怎样我有点懒。但在我看来，那是一个非常重要的决定，因为它决定了我对物理学的投入程度。

从一个研究生的角度来看，这是你当时想要去做科研的地方吗？

正如我所说的，我当时相当不成熟，也不是很有远见。

我想，我不清楚自己希望去哪里。我只是希望能站稳脚跟，幸运的是我做到了。

但你说你的父亲曾在哥伦比亚大学任教，所以你对学术世界的运行规律一定有所了解。

我知道学术生涯会很适合我。我的父亲是一个相当坚强、有主见的人，有很多建议，而我通常比较温顺，大多数时候都会听从他的建议。这并没有特别伤害我，但他肯定和我是不同的。

怎么不同？

他更爱操心，是一个喜欢做计划的人。我从来没有问过他是否有长远的目标或抱负，但我毫不怀疑，他在很小的时候就非常仔细地考虑过他将来发展的方向。他很有紧迫感。他非常活跃，我猜你肯定会说，他作为一个经济学家比我这个物理学家事业更成功。他拥有美国经济协会的主席等其他头衔。我想他是个很不错的老师，可能比我对学生和同事要求更高。[62]

类似的模式在下一位科学家的叙述中也很明显，他描述了一种随意和放任的行为，而不是一种强烈的、紧迫的自我定位。这位科学家似乎致力于教学，尤其是本科生教学。多年前，当他进入职业生涯的中期时，他的研究兴趣就减退了，但这显然不是他或他的几位同事主要关心的问题。他看上去很自在，很自信，而且顽强和果断。

我变得特别无聊，对我来说什么都没意思。我不想每天拼命地工作，然后筋疲力尽。我从未有过需要与他人竞争的职业目标。我不是一个有竞争力的人。我可以像地球上的任何人一样难以相处，像任何人一样好斗，但这不是我的品性。我没有真正的职业抱负，除了当一名教师。我喜欢参与研究，我也喜欢教书的感觉。我从教书中得到了很多乐趣，我很清楚我会喜欢这样的生活，这就是我所做的，非常有趣。我对获得诺贝尔奖不感兴趣。我并不是要出发去某个时间某个地点。我大体上知道我会在职位晋升中处于什么位置。那是个大工程，对吗？你想获得终身教职并且在合适的时间获得。除此之外，我还有其他各种各样的兴趣爱好，而且我一直保持着物理之外的那些兴趣爱好。[63]

与精英一样，多元主义者也会在职业生涯的不同阶段加速，从而偏离他们的轨道。这种多元主义者往往会表现出精英的一些典型特征。他们在研究中非常活跃，经常被认为是精英。"菲利普·斯托克曼"（Philip Stockman）就是这样一个人。在进入学术职业之前，他在工业界工作了几年。斯托克曼的抱负通过他所做的研究得到了最清晰的表达。在他的职业生涯中，他一直是物理学共同体中非常活跃的一员，他的描述也证明了他对事业的投入。

我真的很喜欢做研究。这就是我为什么要工作的原因。我相信你会发现大多数做研究的人并不会每周工作 40 个小时，但我每周工作 60 到 70 个小时，因为我很喜欢持续做一件事情。我进入实验室完成实验，有一种很大的动力——一种你想要完成某件事的感觉,并且愿意不断努力去做。比创造力更重要的是坚持不懈的努力,这才是最终的区别所在。我见过太多很有创造力的人偶尔会做一些很好的工作,无论是应用研究还是技术或基础物理,但之后都没有坚持到底;他们不会向别人推销自己正在做的事情,他们不会和别人交谈,也不在此基础上再接再厉。当遇到挫折时,(他们)太往心里去了,总是会有挫败感。我有幸帮助开创了塑料金属领域,并创立了塑料磁铁领域。两个领域都做得很好,我很高兴看到研究开花结果,并继续努力前进。我负责会议的组织工作,我喜欢这样。我刚刚在盐湖城组织了一个塑料磁体领域的大型活动。新科学仍然令人兴奋,而且看到技术的转变也令人很兴奋。最后,社会对我们所做的科学的支持率要高于他们对文科的支持率,因为他们(社会)希望从科学中获得收益。我觉得还不错。为科学买单的人应该得到一些回报。无论是我们在自己的实验室还是在我所从事的一般领域,我希望看到我们所发展的科学能够为社会带来回报。把这句话延伸一下,那就是我认为我的工作就是确保本科生得到良好的训练。我有时会和我的同事们激烈地讨论,他们觉得认真对待对他们教授的科学不太感兴趣的本科生是有失身份的。但实际上他们是你的顾客,他们支付部分费用,而你(作为研究人员)从他们支付的费用中受益。他们值得你关注。在这点上,我现在已经完成了很多我希望完成的事情。我的目标是看到科学的花朵,并实现它的商业化和实际应用。我想看到它发生,我也正朝着这些目标努力。[64]

社群主义者

在转向社群主义者时,我们看到科学家同样偏离了惯有的道路,尽管这条道路强调的是适度的科学成就。在不同的职业阶段,一些社群主义者会加速或减速。在他们减速的时候,研究通常会被完全抛弃,因为这是一个最不重视研究的世界:科学家主要的自我认同是一名教师,教授的几乎全部是本科生。

那些加速的社群主义者通常有更多的发表成果,而且他们经常更积极地参加学术会议(这些社群主义者的薪水通常也比不从事研究的同行高,多元主义者和精英群体的薪水也是如此)。总的来说,他们的学术成绩与许多活跃在研究中的多元主义学者类似。但是,很少有社群主义者的研究成果与精英非常接近。这在很大程度上是因为在两个世界之间,生产力在文化和结构方面的条件存在相当大的差异(见表1-2)。成果丰富的社群主义者的职业生涯被视为精英职业的缩影。

除了进行研究外,科学家们还通过接受行政管理获得了重要的地位,无论是作为社群主义者、多元主义者还是精英。除了在第二章简要提及的结论,我还没有过多讨论行政管理,主要是因为在样本中很少有科学家从事过管理工作[65]。管理并不是学术生涯的一个制度化阶段。比如,工程师如果在职业生涯中期没有担任行政职务可能被认为是失败的(Zussman,1985)。因此,在这个样本中发现如此少的管理者并不罕见。在对学术职业进行研究时,人们希望发现大多数科学家(尽管程度不同)都投入既定科学角色的活动——研究和教学。

"罗伯特·费尔韦瑟"(Robert Fairweather)是一位连续几年担任行政职位的科学家。随着费尔韦瑟担任权力越来越大的行政职位,他所任职的单位的声望却是越来越低。他充满了行政方面的抱负,他显然找到了一种方法能够容纳他和他的雄心。他从在多元主义世界的大学担任助理教授开始起步,先是在他获得博士学位的大学工作,然后又在附近的一所大学工作。之后,他又当了几年工业科学家和客座教授。

在获得博士学位10年后,他成为一所多元主义学校的副教授,随后又在类似堪萨斯大学或密苏里大学的多元主义机构成为了一名全职教授。五年后,他转去了一家类似的机构担任物理系的教授和系主任。又过了五年,他成为现在任职大学的教务长和学术事务副校长,他从来没有当过院长和一些中级行政职务。当我与费尔韦瑟交谈时,他已经"脱离管理"五年了,只是在物理系担任全职教授。

在担任这些行政职务的过程中,费尔韦瑟在科学界变得非常活跃。他在位于华盛顿特区的美国国家科学基金会(National Science Foundation)担任小组成员,并经常从他不同的学术单位前往那里。他开始参与州教育问题,在州委员会和立法机构推动科学教育。他在许多审查和鉴定委员会任职,还组织并主持物理学会议。像许多其他科学家一样,他被列入了《美国名人录》和《美国科学家名人录》。

虽然他的行政责任增加了,他却仍继续从事研究工作,虽然他的工作效率因这些行政职务负担而降低。显然,他在每个时期都具有学术产出,这在很大程度上是由于他的专业以及物理学和其他科学领域的合作性质。虽然他不是关键人,但他是群体中的一员。

费尔韦瑟非常有风度,正如人们对行政管理人员和社群主义者的期望一样。他显得轻松而自信,看上去很高兴卸下了教务长的重担。

我想是追求自我使我变得更好。人们说,嘿,你有很好的领导能力,你可以做这个,做那个,还有其他的事情。我知道我是这所大学的教务长,但我没有多少行政经验。对我来说,我必须把所有的时间都花在和别人握手上,并让他们感到舒服。我花在完成某件事上的时间越来越少。我不知道他们为什么雇用我。

你认为是什么促使你来这里担任教务长?

我想仅仅是自我。这是一个可以控制每年6 000万美元预算的机会,对这所大学产生影响,我认为我确实对这所大学产生了影响。从这里开始,在很多地方我变得不同了。

从一个研究生的角度来看,(这)是您认为自己最终会进入的大学类型吗?

在我的生活中,我曾经想过好几次这个问题,很多人比我更清楚这一点。我搬过几次家,每次搬家都对我带来了一些好处。举例来说,如果你是在公立大学,来这个州工作会比其他州有很大的优势,因为(这个州)有很多钱。我来这里做研究的时候得到了很多钱,现在我还能从大学得到很多钱来做研究,这比我以前工作的两个机构挣的都要多。我的薪水也要高一些(在 8 万到 9 万美元之间)。我有个儿子从伯克利大学本科毕业,他现在在得克萨斯大学奥斯汀分校,他想成为一名教授。他非常清楚自己要去哪里。奥斯汀大学的计算机科学专业在全美排名前十,这就是他在那里的原因。他想上一所名牌大学,这对他来说很重要。这对我来说从来都不是问题。我的问题一直是我能做什么,在一个特定的地方有什么是我可以获取的。我没有去南加州大学,因为虽然那是一个很有声望的地方,但我猜测他们没有钱。我们比他们有钱多了。我也没有去圣克鲁兹(加州大学圣克鲁兹分校),因为去那需要白手起家,完整建设一个项目。也许是我短视了,但我不知道。我只觉得现在很高兴。我这辈子大部分时间都很快乐。[66]

结　论

我描述了往事在属于不同学术世界的科学家身上如何展现。在这个过程中,我试图描绘出科学家们在经历了一系列职业调整后所形成的世界观,特别是那些由于他们对职业的期望无法实现而产生的调整。他们的叙述讲述了一个从年轻人的理想主义到他们认为对自我的评价越来越现实的故事。但这些评估是在不同的环境下进行的,为他们的科学生活提供了不同的机会。

职业生涯的展开带来了职业自我认同的变化。科学家们开始用新的方式看待自己和成就的前景。他们重新审视自己的未来，几乎总是发现自己不得不做出重大调整。从学校到工作，再到职业生涯的转变都涉及改写那些他们尝试遵循的脚本。重写的脚本围绕着他们在自己的世界里发现的机会和面临的期望。

我假设了三种路径，它们代表了每个世界的典型通道。这些可能被视为截然不同的"冷却器"（cooling racks），人们可以在尝试科学研究的过程中对其进行调整。精英们对伟大抱有雄心；多元主义者达成了更温和但更实质性的成就；社群主义者对成就的期望更低。职业自我认同的演变反映了科学家各自工作的世界中所提供的机会。如果科学家的雄心在不同的世界有所不同，那是因为这些世界呈现出不同追求抱负的机会。

在这方面，环境成为一个人的才华和流动性前景的象征。它象征着一个人能走多远。在科学家的心目中（以及在公众的心目中），不同的环境对潜力的发挥施加了不同的上限。对于大多数身处上述每种环境中的科学家来说，地点意味着一个自我实现的预言。在找到一个可行的脚本后他们开始适应，并开始讲述它的故事。但对其他听者来说，地点更像是一个神话。

无论是遵循一种模式还是背离它，这些职业经历都强烈表明，高调的成功比低调的表现和梦想的降级更能引发焦虑和持续的动力。成功就像治疗一种无法治愈的疾病的药物：一个人越成功，他想要的就越多；野心越得到满足，他就越想更进一步。因此，对职业生涯最为满足的反而是一开始就向下流动的科学家,他们(最终)满足于另外一条职业道路,因为他们从没有被毕业后的宏伟幻想所迷惑,这可能显得有些讽刺。相比之下,对于那些雄心勃勃的人来说,他们没有休息的时间,最终也没有完全满足于他们实现雄心壮志的道路。他们内化了一种群体使命,并以一种反马太效应的方式运行。对于那些已经给予者,人们期望他们给的更多。

对社群主义者来说,令人满足的前景是真实的、区域性的,但会被精英们更广阔的、国际化的职业生涯所削弱。对精英们来说,全世界的认可是足够的,但与其他同等或具有更高认可度的人(如果不是他们相比的话)或名人堂进行局部比较时,满足感就会减弱。即使所有其他形式的认可都给予了一个人满足的理由,也总有一些人会提醒人们不完美的存在。社群主义者会被薪资所提醒,薪资调整后会有利于研究而不是教学。精英们被奖金、奖项、捐赠的讲习教授等提醒,这些奖项往往都刻有比自己更伟大的人的名字。夹在两者之间的多元主义者,由相同事物的组合所提醒。

目前在这项研究中,我们已经谈到了科学家们他们职业生涯的关键点。我们已经发现了三个截然不同的世界,尽管有部分重叠。我们已经听到他们需要在这些世界中做出调整的呼声,我们已经看到了内在机遇的轮廓。要完成这幅图景,我们必须将他们对过去的看法和未来的憧憬结合起来。

第四章

职业未来

前一章节探讨了科学家如何解释他们的职业经历。然而,职业认同的形成是一个动态过程。自我认同并非形成于某一个固定的时间点,而是在过程中不断修正。其间,科学家会在任一时间点,根据期望的未来去解释过去。因此,仅仅考察这些科学家如何解释自己过去的职业经历,难免对于"他们如何形成自我认同"这一问题存在一孔之见。为了获得更为全面的视角,我们不仅需要了解他们曾经做过什么,还要知道他们觉得自己未来的路在何方。

本章将介绍上述的第二个问题,主要关注科学家对于未来自我(future self)有着怎样的构想。未来自我是个人期盼(有时是坚定地相信)自己有朝一日会实现的图景。它是一种想象的身份,是一个人幻想自己会成为什么样子的一系列想法。当科学家们谈论他们初入科研圈的理想抱负时,就是在谈论未来自我。许多人以导师和学界偶像作为自己的榜样。

未来自我对物理学家来说至关重要,但绝非物理学家独有(例见 Schmitt & Leonard，1986；Levinson，1978,1996)。物理学家(及其他学者)希望他们的研究能够代代相传而永垂不朽。与其他的艺术和科学领域一样，他们的工作同样极具创造性。但对科学家来说，对永垂不朽的追求源于科学界认可进步的方式，即通过对个体的认可。

在科学界这个圈里，共同努力可以产生知识。考虑到科学界的这种公共制度，认可个体这种职业惯例便尤其引人瞩目。重大的(乃至微小的)科学进步总是离不开爱因斯坦、牛顿、哥白尼这几个伟人。虽然这些人物已是家喻户晓，但一些没那么知名的成就同样会使人名垂千古：杨-米尔斯定理(Yang-Mills theorem)[1]；钱德拉塞卡极限(Chandrasekhar limit)[2]；约瑟夫森效应(Josephson effect)[3]；理查森数(Richardson number)[4]；汤姆逊系数(Thomson coefficient)[5]；盖革计数器(Geiger counter)[6]；法拉第旋转(Faraday rotation)[7]；德拜-休克尔理论(Debye-Hückel theory)[8]；惠斯通电桥(Wheatstone bridge)[9]；韦伯-费希纳定律(Weber-Fechner law)[10]。这些人(以及他们的技术成果)可能只有同行的科学家才知道。不过，这表明科学家们是通过成果命名的方式做到流芳百世，这也是多数物理学家希冀实现的愿望。古希腊有这么一句名言：唯有名誉，接近不朽。科学家们对未来自我的关注与他们对名垂青史的渴望密不可分。

我对未来自我的关注受到一个理论目标的启发，即雄心在职业生涯中扮演的角色，这一理论目标指引着整体的研究。显而易见，未来自我是一种引导个体行为的自我想象。

未来自我基于人的自我期待来激发斗志。未来自我对情绪状态的影响可能纷纷不一,无论是在不同的个体之间,还是在同一个体内部。一方面,未来自我能够鼓舞人朝着崇高目标而努力。它可以通过提供一个想象的世界,使得置身其中的人们能够看到自己走上人生巅峰的高光时刻,让人得以暂时逃离、缓解紧张和不安。另一方面,未来自我可能会无情地暴露出想象中的自我与"真实"自我之间的差异而令人对生活感到不满(Turner,1976)。如此一来,未来自我就会令一些人感到衰颓。这些人有时会觉得,无论他们有多努力,也永远无法实现自己最渴望的梦想。

未来自我能够使我们理解驱使人们从事其职业的动力,因此我们主要借助"未来自我"来理解"是什么促使科学家奋斗不息"。与我们最关心的问题一致,我想知道科学家们是如何被激励的,且这种激励的范围和强度有多大。我的讨论基于以下五个问题:

你的职业梦想是什么?

你最终想达到什么目标?

当职业生涯结束时,你希望自己是什么样的?

你希望你的同事们怎样记住你?

你认为你会名垂千古吗?

为了展开有效的讨论,我们将根据在第二章被首次提及的"道德生涯"这一概念来解释科学家们的自述。考虑到科学家们目前所处的境遇,他们带着选择前进——有的人没得选,有的人可选余地较大。现在的目的是看看他们的愿景在哪些方面与道德生涯保持一致,又在哪些方面与道德生涯不同。

这一章的某些内容看上去像是回顾性的,这恰恰体现了每个人构建现在的方式——调解过去的经验与未来的期望(Mead,1932)。通过回顾过往,未来的期望作用于当下。同样地,与"过去"相关的概念是由关于"未来"的表述所塑造的。因此,如果我们不突破依赖空间所建立起的认知局限,就很难以正确的视角对任何时间维度进行适当的反思。

我将首先讨论三种学术世界的不同之处。我最先讨论的是精英和社群主义者对未来的展望——这两个群体所属的世界反差最大,随后对多元主义者进行讨论。进而,我将谈谈不同世界的科学家对未来的看法有何差别。和第三章一样,我的策略是首先描述主流模式,然后再去研究个体如何会偶发性地脱离各自的主流轨道。

世界间的差异：存在与生成

精英

先前有关精英阶层道德秩序的描述,捕捉到了一种弥漫在社会氛围中的活跃感,这形成了他们的性格。他们的职业生活往往是快节奏、活力四射的。我在对精英们的采访中,发现他们对有关未来的回答具有特殊的意义。他们的自我认同很大程度上取决于对未来的展望。精英通常是"面向未来的"。值得注意的是,年轻人和老一辈人对于"接下来会发生什么"的担忧一样多。职业生涯是借由一种将来时的语言构建起来的:下一个项目、下一篇文章、下一个实验、下一个演讲,下一个计划书。

在这个世界里,自我永远是一种"生成中"的行进模式(becoming)。在整个职业生涯中,伴随着成就的实现,自我认同亦会不断变化。每个精英科学家在其职业生涯中的成长速度各不相同,稍后我将展开讨论这一点。成长模式也各有所异:

一些科学家可能会逐渐放慢速度,但仍会朝着既定目标不断前进(其线性上升的斜坡趋于平缓);一些人可能会断断续续地前行(呈现一种锯齿状的上升)。不论成长模式如何,这个世界里的自我很少会达到静止点。那些停下休息的人会被认为是个具有代表性的特例。在精英的世界中,即便已拥有诸如终身教职和晋升等传统里程碑所带来的舒适和安逸,但他们对成就的渴望也是不会停止的。

我们在"杰夫·西尔弗曼"(Geoff Silverman)的自述中看到了他关于未来自我的想象。处于职业生涯中期的西尔弗曼,滔滔不绝地谈到他希冀通过展现科学能力所获得的身份。

我的梦想是发现一些神奇的新效应,让我的朋友和同事们都五体投地,让整个科学界都叹为观止。到那时,当我穿过走廊,年轻人们都认识我,他们会说:"这就是'西尔弗曼',

是他发明的'西尔弗曼效应'。"这就是我想要的,我想要一个以我命名的效应。我想成为第一个预知到这样一种效应或是事件的人,或是让某项成果轰动世界的人……我甚至已经嗅到了它来临的气息。它必须是某种你仔细一想觉得非常合理的东西。乍一看,惊艳众人,但是再看第二眼,是的,确实,这就是它应有的样子。我想要这么一种成就。我想要一个属于我的约瑟夫效应、分数量子引力效应。[11]

未来自我对个体有着多重功效。我问西尔弗曼他的梦想对他有什么作用。

大多数情况下可能是负面的。这个目标是如此不切实际,以至于我可能会气馁,虽然我不经常会;但一旦我气馁了,我所坚持的这个梦想就会更令我沮丧,因为在我们说话的时候,用来实现这一目标的时间就更少了。这可能有点像想赢得温布尔登网球公开赛。你年纪越大,就越不可能实现它。[12]

但请注意他是如何保持希望的。

但我还有几年的时间。我认为,最好的网球运动员关注的永远是下一场比赛,而不仅仅是温布尔登的夺冠;也许最好的物理学家,关注的也不是在斯德哥尔摩拿了诺奖,而是下一个方程式。我们都梦想着走进旅行社,同他们要去斯德哥尔摩的机票。我们甚至会拿这个打趣。我们会拿我们那些同事开玩笑，到了 10 月份，每次有电话打来，他们都会焦躁不安起来——我们都会大大方方地讲这件事。在我看来，那些说自己不想拿诺奖的人估计都是在撒谎。我们都希望能够得到诺奖的认可。我当然也一样。你将有机会对那些多年来跟你纠缠不清的个别人嗤之以鼻。

　　"生成"模式（becoming），即假定你的地位会逐步提升，并不仅限于人们在生活中所采取的行动或所遵循的路线。死亡还是具备特别的意味。死亡，不仅是一个生命的终结点，还是一个身份的跳板，有时只有当一个人死了才会出现使人获得荣耀的行为和宣言。因此，死亡并不是"生成"的结束，而是一个额外的阶段。死亡引出公开的（以及私人的）缅怀仪式，这些缅怀性的陈述阐明了一个人如何被记住，并被嵌入集体记忆之中。记忆可能是短暂的（当然，除朋友、亲人和特定的人外），但一个人从生到死就是这个人努力制造遗产的过程，不管这份遗产会留存于这世上多久（或是不会）。追悼会和讣告戏剧化地描述了死者的一生，往往会浓墨重彩地强调个人的出众的能力、卓越的成就和优秀的品质。许多科学家可能生前寂寂无名，但在其过世或是死后的很长一段时间，他们的工作和科学家身份可能会具有重大意义。

　　接下来，西尔弗曼描绘了在职业生涯结束时他希望自己以及他人如何看待自己。有趣的是，他通过用一些与"死后意象"（postmortem references）有关的说法，将职业生涯的结束等同于生命的结束。通过他的描述，我们可以看到，对探索发现的追求影响着精英物理学家对未来的看法，甚至是在他们死后。请注意西尔弗曼用来描述他自己及其事业的形容词,都是些有经得起时间考验之意的形容词:好的、特别的、了不起的、被人崇拜的、才华横溢的、出色的、优雅的。

我希望人们记住我是一名好老师,我认为这很特别,我是真的很喜欢讲课,我热爱教学,并且我也很擅长教课。我读了《纽约时报》上的讣告,这是我每天读的第一样东西。我想要将来别人谈起我的时候,会说他是个了不起的老师,他的学生很崇拜他,他教出了一代物理学家,这是一种。我想要的另一种评价是这样的:他是个才华横溢的研究者,他发明了 XX 效应。我不想要出 500 本书,像生化界的那些人一样。那不是我想要的。每年发表三四篇或五六篇论文我就很开心了。我不想要大笔的拨款,我不稀罕钱。我想要做一件能够名垂固态物理学史的事,不一定非得多么丰功伟绩。这不像发现超级电导率。但我想要我自己那部分是个"五分的东西"(5 point-something)。它一定要看起来很出色。我不想去找那些藏起来的东西,只要你挖掘得足够深,这东西它就在那里。它必须是优雅的,必须用优雅的数学图表来描述它。[14]

虽然未来自我的具体内容因人而异,但它们都有一个共同的主题:自我奋斗。在接下来两位科学家的叙述中,我们会再次看到那些年轻一点的物理学家们的未来自我是什么样的。在第一个例子中,这位物理学家 32 岁,这是他成为大学教授的第二年。第二个例子是位 33 岁的物理学家,这是他做大学老师的第三年。两位科学家都描述了它们对自己职业生涯结束后的设想。

我是这么想的,等我六七十岁的时候,我的学术生涯可能会有一些辉煌瞩目的经历,我将会做餐后演讲,会去做巡回公开演讲,我将会对别人说这个领域是多么迷人,它是如何运行的。[15]

我可能会被认出来。现在我已经得到了同行的认可,然后(在我职业生涯结束的时候,问题将是)我在多大范围内是一个领头人。这就是我对自己的想象。我希望我会成为某一个研究分支的领军人物。[16]

对这两位科学家来说,未来自我是指他们希望被记住的方式,假设(甚至直接表明)最伟大的记忆是在历史中占有一席之地。下面这段话来自第二位科学家,他说他希望的将会比自己更久地留存于世。

创立一个理论——类似这样的,都会比我活得更久。但接下来的问题就是重要性,是一个大理论还是小理论。(这所大学的)人都有着重大贡献,一些人的成就会让他们永垂不朽。[17]

这段话也证明了前一章讨论过的精英群体的主流模式:他们认为自己可能成为伟人,尽管他们的抱负通常并不是成为开宗立派者或是久负盛名的英雄。

从青年科学家到资深科学家,两者的区别在于抱负的具体内容,而非这种抱负是否存在。到了职业生涯的后期,通常是物理学家 50 多岁的时候,我们会看到未来自我定位的变化。对"生成"过程的强调仍然存在,在某种程度上,这个过程包括持续的职业发展和职业活动。但是他们的未来自我更少地指向一个人在根本上发生的改变。年长的物理学家已经意识到,他们已经走到了他们所能走的最远的地方。他们相信,任何地位的改变,十有八九都不会太大:他们的职业生涯已经到了顶峰。

他们关于未来自我的构想侧重于持续性。老一辈精英并不追求伟大。他们有的人已经取得了伟大的成就,现在就是必须保持这种成就。即使是那些很少提及伟大的老物理学家,仍然会讲到自己"很忙"。和他们年轻的同行一样,老一辈精英们也回答了关于职业想象的问题。下面是一位 59 岁的物理学家对于自己职业梦想的想法。

基本上,就是在科学领域保持积极主动。我收到很多会议邀请,还有论文约稿。这些都让人分心。从某种意义上说,这也是一种回报——国际社会认可你的工作。我希望自己将来多少还能得到这样的认可,那时可能不像我现在收到的论文约稿那么多,但从现在开始的五年内还能有一些,那我就满意了。[18]

在他关于"终极成就"的论述中,我们也看到了奋斗。伟大的目标使生活看起来伟大。

设计实验来证明核聚变的可行性。但如果是你的学生而不是你去做这个实验，军功章照样也有你的一半。我希望这些目标能够实现，但如果能够被我的学生或是合作者（实现），我也会很高兴。[19]

在他对结束职业生涯的设想中，我们也发现了类似的模式。活动形成了根意象（root image）。他最近和不久后的日程安排（几乎每一个我交谈过的人都有一个"日历"）让我们进一步了解到，这个人是如何想象自己未来的职业生涯的。

我会继续写论文、听讲座，我最怕的是不能够再去旅行。我现在出去旅行过于频繁了，但是和别人交谈能学到很多。我给你举个例子：自学年结束（5 月 15 日）到现在（9 月 14日），我已经去了四次欧洲，还有一次绕了世界一圈。我从这里去了巴黎，然后去了蒙彼利埃；然后我去了东京；下星期我要去佛罗里达做一个关于天体物理学的报告；接着我要去塞维利亚；再去罗马，然后再回来——这些都在十天之内完成。所以在我的职业生涯结束时，我想继续这样的生活。我很难不去科研存在的地方。[20]

事实上，他对职业生涯终结的描述如此富有活力，以至于人们可能会怀疑这位物理学家是否真的想终结学术生涯。

另一位 66 岁的物理学家解释了他对未来的看法是如何基于对早期宇宙中氢气主要浓度的发现。他声称，这样的发现将有助于理解早期宇宙,而星系的历史还没有完成。

我知道如果我们探测到某个方向的无线电信号该怎么办;我们要对它进行更深入的研究。我们想找到不只一个"前星系氢大量聚集的例子"。许多人可能会蜂拥而至。那是最近的新风暴。[21]

精英们经常对退休感到矛盾。他们常常坚称自己永远不会退休,仿佛退休会切断一条滋养生活的主动脉通道。即使是那些说自己可能退休的人,他们所设想的退休计划也和现在的差不多。下面引用的资深女物理学家是一个典型。

你觉得你在你职业生涯的最后一段时间里会是什么样?

可能我现在已经是这个阶段了。

你感觉你现在就处于这个阶段了?

嗯,我已经 63 岁了,快 64 了,所以我已经差不多到退休的时候了。我打算继续工作,只要我还身体健康。我很享受工作,我很喜欢。

你有计划过退休吗?

等我正式退休以后,我还是打算继续工作。

你有想过什么时候退休吗?

就未来几年吧。我觉得我的生活不会变化太大。

你觉得你想要过哪种生活?

和现在一样。我知道这听起来有点荒唐,但是我很享受这种生活节奏。我不是被人逼着每天要工作这么久的。我通常早上六点左右来到这儿，然后晚上七点左右走。然后我经常在晚饭以后还会再做点事情。好像我是个研究生，我还没有改变很多。每周我都工作很久很久。我之所以这样是因为我很享受这种生活。[22]

行为的连续性和对退休的矛盾心理在下一位科学家那里同样有所表现。这位老精英的未来自我基本就和他今天看到的自己一样。他的职业生涯可能已经达到顶峰，职业地位不会再有太大的改变。尽管如此，他的未来似乎也不会停滞。

你现在觉得会如何结束自己的职业生涯？

我想继续做我现在在做的事情，为（太阳系的）客星（guest）观测提点有建设性的建议，然后出成果，写论文。

有没有什么是你想要取得的成就？

没有，我就只想像我现在做的那样。我现在66岁，我估计我会在70岁正式退休，前提是我能讨价还价要到一个办公室以及居住许可。因为我打算继续做我现在做的事情。退休金的确很可观。当我退休时，我的收入可能会比现在高（在9万美元到99 999美元之间）。经济问题不是最重要的。我认为70岁退休是相当重要的，这样可以把薪水留给年轻人。

你认为自己会怎么结束职业生涯，不管是在什么时候？

我挂着拐杖，一瘸一拐地走了进来，坐在我的电脑前，仍在活力四射地工作。我不想退休到佛罗里达去。[23]

许多科学家认为退休(或准退休)的对他们的吸引力增加了,而不是减少了。上面的物理学家谈到了经济奖励。此外,退休可以获得更多的自主权。这种情况创造了具有讽刺意味的条件:科学家们比以前更有精力(更少分心)进行工作。

我可能不会有那么多的教学义务。退休后,如果你仍精力充沛,仍在有效地教学,你可以只教原来一半的时间,除了退休收入还能得到补偿。我可能不会想教那么多;我喜欢我的研究。去年春天我休了个长假。这个夏天,我能够完全专注于自己的事情,不用担心委员会或学生,真是太棒了。[24]

社群主义者

精英群体的主导趋势是"生成式"(becoming),社群主义的主导趋势是"完成式"(being)。社群主义者对未来自我的构想是早期成长,然后趋于平稳。在他们职业生涯的早期阶段,年轻的科学家还没有获得稳定的职位,他们更加浪漫的梦想处于冷却状态。这些阶段的未来自我与人们现在对自己的看法大不相同。在这些阶段之后,人们往往会失去动力。他们没有跟上精英或多元主义者的步伐。社群主义者比精英或多元主义者更快地意识到,他们已经走到了他们所能走到的尽头。

认识到生命历程是如何被社会控制的,就可以理解这些差异。精英们的生活轨迹受到相对严格的社会控制。在整个职业生涯中,每个人都被要求有高水平的表现。那些偏离目标的人通常必须面对并最终接受各种负面制裁。相比之下,在社群主义者中,中年和晚年受到的社会控制不那么明显。最紧迫的社会控制适用于教学的主角色:未能完成指定的职责会招致严厉的谴责,但在其他领域的"失败"是可以容忍的。[25]一个社群主义者必须是尽责的(conscientious),但不必是被迫的(compulsive)。

比较一下上面引用的年轻精英和下面引用的两个年轻社群主义者对未来的看法,后者都谈到了他们希望被记住的方式。

在回答你的问题时,我不是在想我自己,而是在想那些退休的老人,以及我对他们的尊敬。我只想让人们记住我是一个实干的人,而不是一个骗子,一个只是躺在那里,做一些垃圾事情胡闹的人。[26]

我不知道。我没有任何特别的欲望。你知道,我希望人们记住我是一个工作努力的人,仅此而已。[27]

这些观点是有进取心的,因为它们指向能够使人向前发展的个人特征(积极主动、努力工作)。但这些愿景与之前的叙述有所不同:年轻的社群主义者将目光投向更近的地方。为了进一步讨论,我们可以假设他们已经很积极和勤奋了。然而,如果这些科学家明天就死了,他们想象中的生活就已经实现了。他们把他们目前所拥有的特质赋予未来的自己。

　　精英和社群主义者之间更显著的差异出现在中老年群体中。随着社群主义者年龄的增长,他们对科学的兴趣明显减弱。对科学的认同及投入的演变,不能仅仅用一时的兴趣的丧失来解释,虽然兴趣的丧失打击了形形色色的科学家。下面引用的科学家已经 60 岁了。我问他对自己职业生涯的结束有何设想。

　　学物理学并没有让我从最初的起点走得更远,也就是说,最初吸引我进入物理学的原因是,我认为自然界有很多有趣的秘密可以被发现,而这些秘密可以让我更好地理解我周围的世界。但我现在发现,物理学并没有提供那些答案或那种满足感,而且我认为它永远也不会。人们不禁要问,这到底有什么意义?我可能决定不再积极参与日常研究项目,不再冲到实验室,把这个和那个拼凑起来,等等。说实话,我真的不确定我要做什么。我可能会对周边的事情感兴趣。我觉得电脑很迷人。这是我在学生时代没有接触过的东西,这都是新的;它就像一个玩具,让我感兴趣。我可能会找到其他让我感兴趣的东西,但可能不会是我在过去25年左右一直从事的工作,可能会是不同的。[28]

　　当然,在经历了一个漫长的职业生涯之后完全离开科学,被科学界视为一种合法的退路。对大多数人来说,"冷却"是常态。[29]我们已经听过物理学家对他们的职业生涯结束的几种看法:一些人的职业生涯永远不会结束,一些人的职业生涯缓慢结束，一些人的职业生涯突然结束。[30]

社群主义者中最常见的一种现象是陷入困境。对许多人来说，科学没能把他们带到他们曾经希望去的地方。陷入困境会带来矛盾心理。与一位 60 岁的科学家的对话证实了这一模式。

随着时间的推移，你的理想发生了怎样的变化？

我当了 5 年系主任，从那时起我就知道我不想再和行政管理扯上任何关系。我经历了一段研究的休耕期。

这时期是什么？

那是我当系主任的时候以及之后的一段时间。我已经重新开始做事了，虽然不像应该做的那么多，但我仍然保持着适度的活跃。

这段时期对你的工作有什么影响？

至于系里的日常运作，甚至是我的教学——我还有一位学生——都没有受到太大的影响。我只是失去了兴趣，也没有那么野心勃勃。

就你的职业而言，你现在的梦想是什么？

这是一个问题。我不知道。我只是不知道我要做什么。我不知道。

这在哪些方面是一个问题？

好吧，我的意思是最终退出（教学），所以我认为我作为一个物理学家的自我认同是相当完整的。我看书，我打网球，我骑自行车，我做其他类型的锻炼。

在你的职业生涯结束时，你对自己有什么设想？

我想再有一些想法。如果幸运的话，生活中可能会有一两个想法。

你如何描述你现在所处的阶段？

接近休养期了。我不喜欢这个状态；我没有任何想法。也许我应该做的是休假或者退休或者长期休假——也许是请假和学术休假的结合，去别的地方学习别的东西。我不知道我是否足够聪明地从事这项（实验）工作，因为我觉得我再也没有精力从事实验工作了。这需要大量的精力和热情，才能让实验奏效。[31]

我们在一位只有 51 岁的科学家的描述中看到了类似的模式。

大约 4 年后我就可以退休了……我觉得自己可以留下来。在这里又待了 4 年。理论上我现在可以退休了。在退休制度中，干满 20 年就可以离职，还可以马上拿到退休金。不过，一旦你过了 55 岁，就会有一种说不出的神奇感觉，因为按照他们的计算方式，退休金会额外增加约 12.5％。所以我可能会再坚持 4 年。但如果我真这么做了，或甚至提前离职，我偶尔还是会冒出一些念头。例如，如果我有足够的资金，我会考虑去别的地方开一家书店。[32]

科学家创业的兴趣常常与职业困境相伴。如上所述，这种兴趣有时会让科学家从教授角色中抽离，去尝试别的事情。在很多情况下，科学家的专业技能并不适用于这些新的创业尝试(例如,开书店,炒股,或者从事房地产中介)。不过在其他情况下,科学(不限于物理学)的专业技能也会被应用于技术开发、咨询和其他可能的职业方向上。有时人们认为,他们会在担任这些职务的同时保持与大学的联系,而另一些时候,这种模式与上面提到的情况类似:他们会考虑完全离开学术科学领域。

创业的主题仅限于社群主义者的叙事。一个出身于精英或多元主义者世界的科学家,可能几乎不知道如何理解这些额外的专业选项。因为这些现象不是孤立的,甚至不是少数,它们不能被当作例外而不予考虑;它们代表了一种模式,这种模式更多地反映了这些个体工作的社会世界,而不是个体本身。我认为,这种现象表明的是,这个世界提供的实现抱负的机会相对较少。机会有限的后果可以从科学家如何调整自己的职业生涯以适应环境中看出来:他们会放慢速度,常常会完全失去对工作的兴趣。下一位科学家对未来的展望显示了多种可能性之一。他处于事业的早期阶段,一直很活跃。然而,他的投入和认同并不仅仅与科学有关。

我已经开始考虑做些小生意,通过设计产品来赚钱,我认为这可能是一个有趣的选择……比如写软件或者应用一些实验室里的东西,比如通过金刚石膜研究来制造和销售新产品。还可以做一些与主流经济完全不同的事情,比如卖保险或股票之类的。我并没有过多地涉足股市或其他领域,但我考虑过把它作为另一种选择,主要是因为它的金钱回报要大得多。这必须是一份全职工作,因为你必须了解形势,你必须阅读报纸,你必须了解股票的走势。这是一份全职工作。每个人都这么告诉我。我很可能会这么做,因为可以赚很多钱。如果每天花八到十个小时在上面,六位数的薪水也不是不可能的。[33]

另一位科学家,在职业生涯中期(52 岁),形成了类似的观点,是一个社群主义世界的反叛者。

你的职业梦想是什么?

成立公司,上市,赚几百万美元。我不知道。我想我在这里也没什么可做的了。我现在在为一些公司工作。

以顾问的身份?

是,但是也作为一个股东。我以前在一些公司工作过。现在这家是一个私营公司,成立于 70 年代后期,当时石油生意还很好。这家公司正在设计与井下工具配套的软件。这些工具被放在油井上辐射地层,然后我们看看辐射回来的东西,看看那里是否有石油。我将得到这家公司三分之一的股份,我们将把自己 80% 的股份给另一家公司,他们也会把自己相当数量的股份给我们。我是被付费的顾问,我得到了相当多的钱,还得到了一辆车,因为我不得不每周开几次车去邻近的城市。这真是太有趣了。这是一门全新的生意。[34]

多元主义者

与精英和社群主义者相比,多元主义者走的是不同的道路。他们的观点有时类似精英的观点,有时类似社群主义者的观点。不过，我们再一次看到，相对于社群主义，多元主义者通常与精英更相似。

多元主义者的主流趋势是努力取得强大、稳固（并非超常也不微弱）的成就。科学家们经常表达他们将"继续"的希望——他们将发现具有挑战性的问题和项目。年长的科学家和年轻的科学家都是如此。一位 46 岁的物理学家评论道：

我希望我能继续做新的事情，学习新的东西。当你晋升到更高的职位时，即使你不知道自己是否会成功，也不要丧失跳进新环境的能力，这一点非常重要。你必须假设你能够学会这些东西，或者把它弄明白。[35]

她对自己的职业终点有怎样的构想？

我认为没有太大的事情。我想我希望自己能继续工作，也希望我能对年轻人产生一些影响……也许会有那么一天，我决定做点别的事，而不是做研究。[36]

一位科学家在他职业生涯的早期（35 岁）强调了类似的主题。

我现在的状态是，我想用我的余生做有趣的工作。但我没有任何想要达到的终极目标。我实际上正在考虑开始做一些科学写作的副业，为杂志写一些非虚构类的文章。[37]

多元主义者的形象侧重于稳定,而不是指数型增长或下降。多元主义者可能会欣然接受"变",但他们这么做的速度明显要慢得多,而且还有些犹豫:两位科学家都引用了上述关于他们的科学承诺在未来可能转向不同方向的评论。从科学的道德生涯来看,这些科学家已经在职业生涯中间阶段趋于稳定。追求卓越成就的愿望不再强烈。到职业生涯结束时,他们的成就可能只会与他们目前的成就略有不同(当然,这可能是非常令人钦佩的)。

(在我职业生涯结束时)我不知道。我想有一种民间说法认为物理学是年轻人的游戏,一段时间后你就不能再玩了。大多数老年人最终选择了行政管理或放慢生活节奏。我可以轻松地在这里度过我的余生,但我不认为这样做我会特别不高兴。我怀疑随着我年龄的增长,我将在更大程度上参与非研究性的活动。[38]

注意这里的老年人形象与精英们描述的不同。对于精英阶层来说,60 岁并不被认为是一种负担。相比之下,这位科学家呈现的是一幅慢下来和改变进程的画面。他援引了一种刻板印象来描绘物理学的社会秩序,即物理是"年轻人的游戏"。

世界内的差异:独辟蹊径

职业生涯自我的发展取决于转折点(Hughes,1958),这些转折点不仅导致客观状态的变化,也导致个人对其进步的主观评价的变化。根据工作环境的规范来判断自己,人们可能会发现自己落后、提前或完全偏离了计划。既然没有一个世界是完全统一的,就让我们看看几位已经偏离了圈内规范的精英、多元主义者和社群主义者。

精英

精英们强调从职业生涯开始到结束都持续工作。科学家们经常用他们对科学兴趣的程度来解释他们的努力的持续性:他们说他们努力工作是因为他们享受工作本身——紧张、挫折和困难,而不是名声。但即使是在一个强调进步并奖励进步的世界,一个每天都看到别人努力前进的世界,也不是每个人都以同样的速度前进,也不是所有成员都忠于这个压倒一切的制度目标。

减速的精英阶层表现出几大共同点。他们通常在50多岁左右。他们被认为已取得重大的科学成就。因此,他们并不是那种会因为早期的失败而气馁的人。在完全相反的情况下,许多人正在适应早期的成功。他们会问自己下一步该做什么,然后决定不再爬更多的台阶,从而把自己和其他人区别开来。

这些科学家经常重新评估他们的职业优先级。他们发展了新的兴趣:教学得到了新的重视。许多人发现自己对研究越来越冷淡,而对与学生的互动表现出了更大的兴趣。沿着这条线,许多人对他们的工作表现出更明显的"表达性倾向"(expressive orientation)。他们变得不那么关心竞争,反而更重视与他人的人际关系。他们为同事对他们的评价感到悲哀。在这方面,他们有独立的思想。他们不再把领先作为自己的目标。这些主题在"查理·霍夫曼"(Charlie Hoffman)的叙事中得以体现。

我认为,你可以在专业领域做一些非常复杂、非常高调但同时又非常肤浅的工作,也就是说,你投入了很多精力,但它不会给你带来多少人性化的回报。我想最重要的是,无论我作为一名物理学家多么有成就,退休后,我都不会再有(像我和我的孩子们之间那样)亲密、关怀和令人满足的互动了。我在这些专业事务中看不到这种互动。投入专业事务很重要,它们有重要的用途,但我并不认为在目前这个阶段,它们真的值得你全力以赴将其作为根本目标来追求。我做过很出色的工作。我知道做好一项工作的代价,至少以我的才能来说是这样。它需要全身心投入。也许如果我是盖尔曼①,我可以用右手打网球,用左手搞物理,但我不是。对我来说,要达到真正的高水平,只需要全身心地投入。在做了这件事

---

① 译者注:盖尔曼(Murray Gell-Mann, 1929—2019),美国物理学家,1969 年获诺贝尔物理学奖。

之后，我看到了自己的感受，这并不是说这件事不值得做，我只是不想再做了。

关于你的职业生涯，你现在有什么梦想吗？

说实在的没有了。我对我所做的很满意。我不知道我有什么伟大的抱负。我并不缺乏抱负，但我并没有痴迷于任何驱动性的目标。

你是否有想要完成或实现的事情？

我想活到我最小的儿子高中毕业。这是我的目标。大约六年前，我得了恶性肿瘤，我以为我会死。当你有了那样的经历后，很明显，对我来说最重要的事情就是我一直在努力，直到我的孩子们都安顿好了，让他们走上自己的道路。对我来说，没有什么是重要的。虽然我的恶性肿瘤已经没有复发的可能了，但我仍然有些担忧。

你还有其他想要实现的梦想吗？

没了，没什么特别的。我在西得克萨斯开始读书，我父亲只上了 7 年级。有时我很惊讶我能成为一个大型研究机构的终身教授。这距离我开始的地方太远了。我在西得克萨斯油田上的高中，在那里体育运动是最重要的事情。我认为，我能走到今天这一步，虽然是机缘巧合，但也的确经历了一段漫长的历程并取得了巨大的成就。我想不到有什么我渴望达成的目标在真正推动我前进。

你对自己在职业生涯的最后阶段有何设想？

就是我现在的样子。有一天，(当我在)一个有点无聊的会议，我看着窗外，我在想，天啊，我希望我能永远活着。我的孩子们已经不再需要我大量付出，最小的 15 岁，最大的 18

岁。所以我不用再担心了。我的职业生涯现在很舒服。我认为作为一名老师我很受尊重,这对我很重要。

你希望同事对你的印象如何?

我的同事吗?我不在乎。那对我来说不重要。

你希望别人怎么记住你?

做一位好父亲,我认为这对我很重要。做一个正派的人,这对我很重要。我有这样的名声。

你认为你的生命会延续下去吗?

我有孩子,我也教过很多人。我花了很多精力让自己变得平易近人。学生毕业后,就基本上消失了。这是一种易变而非持续的关系。但我更注重与人交往时的精神状态。尤其是和新生打交道的时候,很难不让人产生一种泛化的父爱情结。从某种意义上说,很难不把他们当成我的孩子……帮助他们树立自尊,让他们感到被重视,激励他们。18岁和19岁——他们非常年轻。他们正要离开家,处在试图确立自身地位的不确定的阶段。凭借我的年龄和地位,我还没开口就成了一个权威人物。对于他们来说,我有很大的影响力。如果以合理的方式使用它(影响力),我认为是可以为这些学生做点什么的。[39]

这位科学家的改变可能源于他身体健康状况的变化。在其他科学家的描述中,我们看到了自我重新评价这一主题的变化。与精英占主导地位的模式不同,一些人改变了道路。同样,这些模式在已经达到相对高级阶段的科学家的职业生涯中表现得很明显。正如下面说明的,他们的注意力集中在研究之外。

我真的梦想有更多的时间来做户外活动。我更想知道退休的事。现在有无数件事逼得我心烦意乱。我教两门课,再加上这个(太空)计划的一些东西进度落后了。为什么我整个周末都在看大二学生的东西?然后是大三学生的东西?我63岁了,那不是我要做的事。我有一个梦想,完成一本书,并看到它成功地投入使用。我真的很困惑,在(下一次太空)发射之后,我的梦想会是什么:一头扎进去,和那些30多岁的人并肩而行?研究科学?或者说:"太好了,伙计们,玩得开心。我们把它给了你,现在我要做点不同的事情。"[40]

还有一些科学家以不同的方式减速。他们在研究中保持活跃,但是他们在追求的过程中认识到,他们永远不可能取得重大突破(尽管他们可能在其他方面对基本理解作出贡献)。正如下面63岁的科学家所说明的那样,他们把自己的努力放在更小、更实用的项目上,而不是放在更大、更宏伟的主流模式上。

你的职业梦想是什么?

现在,在这个时候?我仍然有很多好主意。我想解决它们,看到它们成真。我想不出什么伟大的想法;我太老了,想不出我能在物理学领域取得革命性成就。但我做了很多好事。我正在做一些最好的工作。[41]

科学家们还通过加速偏离了道德生涯。在精英中,他们的人生轨迹受到社会的控制,因此即使是早期的成就也不能成为他们放弃继续努力的借口(多元主义者和社群主义者的世界里存在着相当大的回旋余地,这些世界更倾向于接纳那些在取得成就后另寻出路的科学家)。事实上,"提前"取得的成就提高了人们的期望(对成功者和其他人),因为相对而言,有更多的时间可以达到更辉煌的高度。填补这些空缺的科学家们都被命名为"明星""英雄""能人""年少成名者""高产工人""开拓者""神奇小子""金童"(Kanter,1977)。

对大多数科学家来说,加速发展符合道德生涯的要求——持续努力(例外情况如上所述)。加速的科学家可能是早期成功的受益者,但他们也背负着向更伟大的事业前进的重担。他们进入了奋斗的另一个阶段,尽管他们可能永远不会真正取得更大的成就,但他们的努力与他们所处世界的使命是一致的。

36岁时,吴教授成为他工作的物理系的正教授。几个转折点使他在该领域迅速崛起,其中最重要的是发表了一些具有重要理论贡献的开创性文章。他的简历上有这样一段陈述:

吴教授在理论物理系工作了大约十年之后加入了物理系。他在无序电子系统理论和"介观物理学"(研究低温下的小型器件)方面作出了关键贡献。他目前的研究兴趣包括量子点传输、分数量子霍尔效应和高温超导体理论。

在 45 岁时，即吴来到大学的九年后，他先后入选美国国家科学院和美国艺术与科学院，这是两个最高的科学荣誉。在此之前的一年，他得到芝加哥大学提供的职位后被任命为"讲席教授"。所有这些荣誉都是社会控制的手段。认可调节着生活过程应该被如何体验和经历的方式。它引导并常常激发人们的努力。与这一观点相一致的是，吴教授为了符合科学的制度目标，强调即使在受到赞扬的情况下也要努力，这一点我们也不应该感到惊讶。

在研究方面还有很多工作要做；还有很多问题没有解决。这是个没完没了的故事。我的希望是能留在这场比赛中。[42]

同样的努力方向在另一位科学家身上也很明显，早期在空间物理方面的成就使他获得国际和大众声誉。

（在我的职业生涯结束时）我可能会畏畏缩缩地参加以前的学生和同事之间的会议，并与他们重修旧好。我想我不会放弃的。我想我会继续。我只是做完一件事，然后做另一件事。我想我永远都不会退休。[43]

这两位科学家染上了精英们的职业病，他们遵守道德要求，因而有义务继续对科学进行投资。完成一件伟大的事情只会让你意识到必须去完成更伟大的事情。

多元主义者

在多元主义者中,观点的形式更为多样。为了揭示多元主义者之间的差异,请比较以下几种说法。

我和本科生一起学习入门课程。我一直告诉他们,这门课程的设计初衷是让你走到大楼外面,或者做任何事情时,都必须认识到你所做的事情所涉及的物理知识……对我来说,重要的是通过理解(物理世界)来获得满足。因此,我将尽我所能去理解世界,以此自得。如果我不发表它,它不会困扰我。事实上,我从来都不喜欢发表。理解是最重要的。深入细节和实质,在期刊上发表文章,我不想在这些东西上花费时间。我想答案是,我没有约束、没有压力来确保整个世界都知道我理解了一些事情,因此我将花时间去理解。

你希望同事如何记住你?

作为一个知道自己在做什么的人,我想最让我恼火的事情是有人质疑我是否胜任我所做的工作。[44]

在这次采访的早些时候,我曾问过你,"有没有什么终极目标是你想实现的?"

没有,最起码不是作为一个物理学家。我妻子跟我说过的一些话让我非常震惊,那就是杰姬·奥纳西斯(Jackie Onassis)的那句话:如果你的孩子表现不好,那一切都是徒劳。这就是我的人生哲学。有了孩子,你看到他们发挥出他们的潜能是非常重要的。毫无疑问,对我自己来说,看到我的孩子们成功比我能想到的任何事情都重要。因为最终你不可能成功;最终,无论你做什么,你都会死去。他们可能会把你的诺贝尔奖章埋在你身上,但除此之外,当你死后,它对你有什么好处呢?到目前为止,我很高兴我做了我所做的。我做决定之前会仔细考虑,我对自己做出的决定很满意。[45]

在这种叙述中,我们可以看到在社群主义者的言论中(以及在减速的精英阶层的比例中)更为凸显的主题:对教学的强调;工作的表达性或人际性倾向;研究生产力和知名度的下降;明确地提到家庭角色的价值。还要注意的是,多元主义世界的科学家在以教学为主业时无法全然心安理得(社群主义者并不一定如此)。他们的退出伴随着对自身能力的隐性(有时甚至是显性)质疑。

如果物理系有人抱怨我做的任何事情,我就会很生气。"你为什么不做这个,你为什么不做那个?"答案是:我不做这件事是因为我很忙。我一直参加妇女权利相关的工作。就算有人成天骂我,我也丝毫不会动摇。我根本不会被影响,所以我直接无视这些东西。[46]

因此,尽管多元主义者容忍多样性,但他们无法摆脱直接源于他们的多样性的张力。减速的科学家和永远寻求提高机构声望的管理者,两者之间的紧张关系可能最为明显。

其他多元主义者类似于精英。奋斗的主题在这些多元主义者身上和精英人士身上一样明显。

在职业生涯的最后阶段，你对自己的设想是什么？

对科学充满热情，并继续发挥导师的作用。我很高兴能与几位优秀的人密切合作，其中一位是另一所大学的化学教授，他 68 岁了，管理着一个 12 人的研究团队，不断地生产我们合作的材料。所以我没有一个 60 岁就开始走下坡路，进入半退休状态的"榜样"。他还在世界各地巡回演讲，还在为他的研究基金写作。我可能会做同样的事。

当我回首往事时，我不敢相信在实现自己想做的事情这一目标上，我能如此幸运和成功。我每次设定的目标，都达到了。我总是被目标所驱动。我是一个非常有目标的人。当我还是个本科生的时候，我想进入一个好的研究生院；当我还是个研究生的时候，我想拿到好的博士后学位；当我还是博士后的时候，我想成为一名教员；当我成为一名教员后，我想参加国家奖项的竞赛；当我赢得其中一个奖项时，我想提前获得终身教职。既然我有了早期的终身教职，那么我想成为正教授。我想我现在最关心的事情是，我想继续作为这个天体物理学（共同体）的一名活跃成员。我想继续做好工作。我不想因为有了安全感就退缩或不再冒险。我希望有一天能当选科学院院士，这表明你获得同行的尊重。我没有获得诺贝尔奖的目标，因为我认为，如果你做的研究能拿诺贝尔奖，这也是偶然的。我可能已经做了这件事而不知道。我有一些希望成为的榜样。我希望当我 60 多岁的时候也能这样，现在我已经 36 岁了，这似乎是一段难以置信的漫长时光。这里的一个同事……难以置信的活跃。他 50 多岁了，我也想成为那样的人。所以我会挑出一些人，25 年后我想成为他们那样的人。我也会挑出一些人说，这就是我 25 年后不想变成的样子。[47]

这些人是谁？

他们现在什么也不做，只做他们 20 年前做过的事。在这个领域，没有人会关心你 5 年前做了什么，更不用说 20 年前了。[48]

显然，一些多元主义者和大多数精英一样，也在以同样的方式拥抱道德生涯。他们观点的核心是行动的连续性。他们为取得成就而奋斗，为获得那些用以鼓励和规范他们表现的荣誉、奖励等等而奋斗。即使在职业生涯加速的时候，这一点也很明显：在学校取得成功；被聘以优渥的职位；获得国家级奖项以及早期终身任职。因此，在许多方面，一些多元主义者讲的是精英的语言。

社群主义者

就像精英和多元主义者一样，社群主义者对未来的看法也不完全一致。占主导地位的职业模式包括"陷入困境"，以及预见兴趣从科学转移到外部创业。偏离这些地方规范的科学家有两种模式。在其中一种模式中，科学家们沿着精英模式的轮廓勾画出研究生涯，从而形成了道德生涯的缩影。在第二种模式中，科学家完全退出研究，拥抱教学，或者他们一开始就成为社群主义者，成为有奉献精神的教师，对研究没有过高的期望或强烈的兴趣。

那些致力于研究的社群主义者对未来的看法似乎与一

些多元主义者和精英人士的看法没什么不同。

你对自己职业生涯的终点有何设想?

我真的不打算结束它。例如,我可能作为大学教授退休,但这并不意味着我将作为物理学家退休。我会继续做我感兴趣的事情。我想继续尝试解决一些还没有解决的小问题,并解决一些松散的问题。我想写点东西。几年来,我签订了3本教科书出版合同,由于精力被转移到其他事情上,我根本没有完成这些,所以我接下来可能会花时间完成这些。总的来说,我基本上希望保持活跃。[49]

最终的目标是越来越多地参与研究工作,获得越来越多的职位——成为领导者,领导许多不同的事情。我是我们组的领导。我们有美国物理学会,有主席、秘书、副主席等等职位。我是一些委员会的成员。但我希望有一天能升到更高的位置,做重大决策,对科研产生影响。因此,我不仅要在研究、观点方面作出贡献,还要在一些重要的委员会中作出贡献,担任一些正在作出重大决定的委员会的主席。我已经开始找到节奏了。我愿为这一领域作出重大贡献。我还想,而且正在努力这样做,给我的学生们留下好的影响。[50]

我想继续做研究和发表论文。对我来说,发表一篇关于教学主题的论文和在《物理评论快报》上发表论文一样重要。有一件事让我感到很满足,那就是去中国。我到过中国大陆四次,在不同的大学做过演讲和研讨会。我觉得很满足,很满足。我想去巴西，我在那里的理论物理研究所有合作者，所以我想去旅行和演讲，尽可能积极地参与研究。[51]

通过援引坚持不懈的意象，这些科学家说明了他们主导或试图主导的与精英们类似的职业方式。一些社群主义者，特别是年轻的社群主义者，甚至可能把他们目前的角色看作在一个更有利的研究环境中取得地位之前的一个中间步骤。

在某种意义上，我认为这仍然是一个中间点。就我现在所做的和我对社会的贡献程度而言，这并不是我未来三十年想要达到的目标。教学是值得的，研究肯定是令人满意的，除了我认为也许我现在要解决的问题的范围或规模不是我理想中要解决的。回到这个问题上，我希望最终能够说：是的，我通过技术创新或发展帮助解决了我们当今社会面临的一些问题。[52]

其他大学也找过我……那些大学都比这所好……在诺克斯维尔的田纳西大学，我本可以在那里和橡树岭国家实验室获得双重职位。但我想，这次搬家不会有什么好处。我当然会有其他的（研究）可能性；这是非常灵活的。但是（现在的）这所大学一直对我很好。我觉得我在这里得到了很好的待遇。我已经有了自己的学生，得到了能源部门的资助，从这里得到了一些启动资金，开始建立我的研究。如果离开，我的研究会受到影响。[53]

属于第二种模式的科学家主要认为自己是教师。他们把研究看成一种爱好，一种不需要太认真对待的东西，以至于他们总是想做更多的事情。

我的职业生涯快结束了。我大概还会在这里待三年。如果我能把我这么长时间以来一直随意琢磨的东西整理在一起就好了——就是我所说的"对偶性"（duality）。它与这个领域有某种关系。有些方面是众所周知的，(但)我并不比大多数人知道得更多。大多数人并不关心。但我当然希望能把它们联系得更紧密。如果我有时间和更深的想法，能出版一本小的专著就好了，哪怕只有一百个人读也行。但就是一本小书，也算是给自己一个交代。这有点像完成拼图。

你有什么终极目标想要实现吗？

对我来说，这就是我的终极目标。我正在参加一项实验，以改变我们教授非科学入门课程的方式。

在职业生涯结束时，你对自己有什么设想？

我想象自己仍然在解答数学物理难题。事实上，我和我的妻子已经讨论过加入富布莱特计划，回到巴西去看看那里的情况（富布莱特的早期职业生涯就在那里）。开展一些旅行。我希望保持健康。[54]

就像其他遵循这种"大师级教师"模式的人一样，他显得很满足。这些科学家是最容易采访的，在很大程度上是因为他们把自己声称作为优秀教师的特征具象化了：乐于助人，同情他人，关注友谊、支持和鼓励。他们似乎没有下定决心要出人头地；他们看起来相当稳定。他们的愿望是为他人服务，为此，他们想象未来时，是回顾完整的一生，而不是展望永无止境、永远无法完成超越的科学阶梯。

环境的力量，个人的力量

对于每一组科学家以及他们当中的每一个人来说，我们都看到了在形成独特的自我身份时，最重要的是什么：与某人进行持久的、面对面互动的人。人是一个地点的组成部分，无论这个环境（place）是一个大学的系，一个律师事务所，一支篮球队，一个家庭，一座城市，还是一个国家。人的性格赋予一个地点或多或少的权力，迫使个人在他们所扮演的角色中采取一定的道德标准和对表现的期望。简单地说，环境约束和塑造其成员的文化。

正如我们所看到的，环境的其他组成部分在塑造个人方面也发挥了作用：物质资源，如建筑物、设备和设施；货币资源，如创造性探究的资金、人员和物理资源本身。换句话说，环境有助于建立角色表现的道德条件的结构，同时也描绘出人们在其中运作的一系列机会和约束。

但是，无论我们是单独挑出某个环境的一部分，还是把它们当作一个整体，"环境"的力量都过于个体化：它们的力量超越了个体的意志，当个体离开或死亡，或被他人取代时，它们依然存在。在这一章和前一章中，自我认同的发展是源于个人根据所在世界的机会调整了他们的愿望。当个人进入精英群体(或多元主义者或社群主义者)时,他们倾向于像该群体的其他成员一样行动和表现。

　　然而,我们可以提出以下问题:不同学术世界之间的共性和差异是由机构招聘了什么样的职员、个人选择在哪里工作造成的吗? 换句话说,社会选择和自我选择如何影响我们所观察到的"三种世界"的模式? 实际上,这一思路质疑了"环境的力量",反而强调了个人对自己和他人命运所施加的力量。

将个体与其叙事分离

　　对那些从大致相同的起点开始职业生涯,然后又分道扬镳的科学家进行调查是有用的。在此过程中,我们要处理一些主要证据,这些证据表明环境如何改变人们对自我和职业的看法。

　　其中一个起点是科学家获得博士学位的机构和获得学位的时间。在许多方面,获得博士学位的时间和地点是评估个人变化的合适手段,因为这些因素提供了一个客观的共同点。粗略地说,类似机构的学生经历了许多相同的社会化过程,其中包括对未来职业期望的内化规范(Zuckerman,1977)。尽管博士生之间可能存在着天赋、能力和动机方面的个体差异,但我们可以假设差异的范围相对较小,尤其是那些来自最挑剔的研究生项目的学生。大多数攻读博士学位的人被录取的基本条件是他们有作为研究人员成功的潜力。

　　下面引用的科学家在 1987 年从一个精英物理系获得了

博士学位，他现在在一个多元主义的系工作。他将自己的观点描述为从一个研究生到一个多元主义者的转变。

当你读研究生的时候，你知道自己想要得到什么吗？

在这个领域有影响力，受到尊重和认可。

你知道自己在这个领域的定位吗？

当然知道。再次强调，要受到尊敬，要被视为领导者。

你是怎样来到这所大学的？

因为工作机会有限。[55]

在之前引用的一段话中，这位科学家解释了他观点中的一种暗示。

我的志向是去一所声望更高的大学，最初是想去伯克利、哈佛、麻省理工之类的学校，就像我学生时代待的地方……真的，在那个时候，我想在那些顶尖的机构中成为一个成功的科学家。

这对你有什么影响？

我对生活、事业和机构的看法总体上已经改变了很多。我觉得我很满足于不在那里。在我看来，像现在我在的这家二流机构已经够难的了。如果让我现在选择去哪里，我会去这样的（现在的）机构。

您认为这里的气氛与您提到的其他地方有什么不同？

这里紧张程度较低——你更少感到从第一天起就需要发表论文，也更少感到需要与同行竞争地位。[56]

对这位科学家来说,世界观和自我理解已经发生了变化,而且很可能还会继续变化,就像那些发现自己适应了环境的多元主义者们所特有的那样。同样,"杰夫·西尔弗曼"(Geoff Silverman)也在大致相同的时间(1985年)在一个精英世界获得了博士学位。但他最终进入了精英世界,而不是多元世界。注意他对自我和事业的看法是多么不同。

恐怕我的雄心已经增大了。我用一种焦虑代替另一种焦虑。首先,我有生存焦虑。但现在,我又有一种焦虑,即我获得了这个难得的机会——这在历史上是很少有人有过的——那就是在一些顶尖的研究型大学有一个稳定的职位。我真的没有借口放弃。如果我现在没有做些真正好的研究,那是因为我不够聪明……(这个机构)提供了一个支持性的环境,放手让我做想做的事……它(这个地方)确实使它(这个职业)受益,因为标准都非常高,我不相信年轻科学家有非常明确的内在标准。总的来说,我认为科学家的研究质量和对细节的关注在很大程度上受到了他们同事的期望的影响……我的同事们都是高素质的人——都有很高的研究水平、诚信和对(专业)共同体的投入度。因此,我知道标准就是这样的。[57]

注意这位科学家的雄心是如何增长的,而前面引用的那位科学家的雄心是如何减弱的。科学家工作的环境所导致的变化就像我们将要进行的自然实验一样。如果我们有能力从一开始就把西尔弗曼和第一个发言的科学家放在一起，那么我们很可能会听到"不同的声音说着不同的景象"。因此，即使是在相同时期来自类似研究所的科学家，也会系统地从不同的角度看待自己。

科学家获得博士学位的时间和地点并不是评估环境如何塑造个体的唯一手段。雄心本身就是衡量环境力量的一种手段。许多科学家在开始工作时都有类似的雄心，甚至那些在不同类型的机构获得博士学位的科学家也是如此。在很大程度上，我用英雄神话来解释这种相似性，英雄神话诱惑着所有从事职业的人。对于那些在精英学校接受培训的人来说，追求卓越的雄心可能更为明显，因为精英们与卓越的关系最为密切，他们往往把卓越作为个人目标。换句话说，精英院校存在着普遍的雄心。但在科学领域，就像在许多其他领域一样，名望显赫的大学并不是汇聚有雄心的人的唯一地方。理想职业的浪漫愿景往往没有界限，因为英雄成就的神话本身渗透在更广泛的文化中。

人们职业叙述的内容应该得到肯定，因为这也是"情境效应"（contextual effects）明显的地方。在前一章和本章中，演变（unfolding）——职业生涯和个人对职业的主观看法的变化——是核心思想。正如我所展示的，冷却——随所处环境的变化重新调整期望的过程——是此种演变的主要机制。最后，热情冷却会让人们或多或少地对现有的成功机会感到满足。因此，它是一个基于环境的过程，通过这个过程，自我认同发生变化：热情冷却在不同的科学世界中产生不同的结果。

劳动力市场

社会选择和自我选择及其潜在的影响也必须从历史的角度来审视。在 20 世纪后期,学术工作很稀少。因此,个人自行选择就业机构的可能性相当小。目前,那些对工作地点有一些"选择"的人实际上只占很小一部分。如果人们要亲自进行"选择合适的机会池"这项练习的话,那么它顶多是一种心理练习,而非实际的练习(Frank,1985)。正如第一章所说的,许多攻读物理学博士学位的人从未获得学位,而那些获得学位的人中,近一半没有得到物理学工作(无论是在学术界之内还是之外)。

有些人可能会通过将名校排除在考虑范围之内来进行自我选择,比如那些他们认为自己不太可能收到录取通知书的名校,或者是他们不太看重的名校。目前还不清楚这种现象会有多普遍。一方面,由于工作竞争激烈,从一开始就排除可能会大大缩小一个人的机会池。另一方面,有些人(比如那些没有精英学位的人)可能会采取更现实的观点,把他们的努力集中在他们认为有最好机会的地方。然而,当个人对工作环境有更多选择时,自我选择的空间也会更大。

从更大的角度来说,当前的市场环境促进了社会选择——各种机构在招聘候选人时都拥有广泛的自主权。无论市场环境是紧是松,机构总是能够控制他们雇用的人。但在条件紧张的时候,学校对允许进入他们队伍的人有更大的控制权。考虑到竞争的激烈程度,各部门选出的候选人很可能和那些被拒之门外的人一样能干。这是"院校升级"的一个重要组成部分，即学校在市场上能够雇用比过去水平更高的人才。原则上，这三种类型的院校都能选择最优秀的候选人，得益于学术劳动力过剩。但是，多元主义学校和社群主义学校可能实现了最大的收益，因为它们现在雇用的人，曾经可能只在精英世界中考虑就业问题。此外，应该指出的是，尽管各部门有这样的自由裁量权，但他们也不一定会选择聘用精英院校的毕业生。

因此，社会选择和自我选择在科学世界（以及所有其他职业世界）的形成中发挥着积极的作用，但影响在一定程度上是市场作用的结果。甚至当选择开始发挥作用时，我们已经看到环境是如何影响个人的。精英、多元主义者和社群主义者的世界在本质上仍然是不同的，这并不仅仅是因为他们选择与那些一开始就不同的人同行，还因为它们会诱导加入它们的个体发生系统性变化。

没有人是一座孤岛

职业生涯的起起落落不能仅由个人因素来解释。和个人一样，职业也有其社会地位。它们在与环境的相互作用中展开，这一点可以从许多强调人们进入他们的世界后发生的变化的描述中窥见一斑。即使是那些因为"有前途"而被聘用的人——这种情况几乎总是如此——有时也会觉得自己"令人失望"，有时别人也会这么认为。无论是个人过程还是社会过程，选择都是基于承诺，而不是"干巴巴的期望"。从这些方面和其他方面来看，选择并不能解释人们职业发展的整个过程。

我所提供的语境视角认为社会环境"是发展的组成力

量"(Dannefer，1984b)，而不仅仅是预先设定的成熟的环境。许多人开始接受雄心受挫的事实，就像许多人在进入更有利的环境后看到自己的雄心增长一样，这体现了环境施加于人们身上的影响。在每一个例子中，我们都能看到变化，这些变化很大程度上来自不同世界中的社会互动，这些社会互动为经历这些世界的人们提供了不同的体验。

感受时间的影响

从一开始，我就把时间作为一个社会维度来理解人们如何经历和展示他们的职业生涯。

我用群组(cohorts)来界定时间，就像在许多社会学研究中做的那样(Clausen，1993；Elder，1974)。群组是经历共同事件的一组个体。这些事件反过来成为人们评价自己过去和未来的标志。这里的"事件"是指科学家们获得博士学位的年份。在比较群组内和跨群组的个体时，我们看到个体如何以相似和不同的方式变老。生命过程的最终图景适当地考虑到生活模式的变化(cf. Levinson，1978,1996)。

到目前为止，我已经用群组来定位生命历程中不同时刻的个体：粗略地说，分为年长的，中年的和相对年轻的。我已经强调了处于这些阶段的人们是如何为他们的职业赋予意义的，他们的职业相应地是长、中、短期的。换句话说，不同时代的科学家如何看待他们正在展开的事业，以及他们如何根据这些正在展开的事业来塑造自我认同，时间的影响已经

显现出来了（Hughes，1958；Neugarten，1979；Neugarten
& Datan，1973；Wells & Stryker，1988）。仅仅是由于年龄
的差异，科学家就像所有其他人一样，在他们的职业（和个
人）世界中拥有不同的经历和转折点，以独特的方式塑造他
们。此外，经验和转折点所产生的累积效应有时也会在科学
家身上得到不同的体现，简单来说，就是他们职业生涯的时
间长短不同。

不过，我将以另一种方式使用群组：评估历史变化对个
人及其职业的影响（Clausen，1993；Elder，1974，1979，
1981，1991；Kanter，1989；Riley，Foner，& Waring，
1988）。不同年龄的科学家以不同的方式解释他们的职业生
涯，不仅因为他们在人际关系世界中有着不同的转折点和经
历，而且因为他们所经历的发生在独特的历史节点的事件，
留下了决定性的印记（Mannheim，1952；Ryder，1965）。

社会变化和历史模式

我认为，学术人才市场的萎缩，越来越多地促使精英院
校的新博士生在多元主义和社群主义的学校工作。我用这
一历史趋势解释了社群主义者中偶尔出现的精英分子。这
一趋势也在一定程度上解释了为什么多元主义者（如本文所
示）与精英分子有更多的相似之处。通过这些方式，我们看
到了社会变革对行业的作用。[58]

学术劳动力市场的变迁，像其他劳动力市场一样，是社
会中更普遍的经济力量的一部分（Easterlin，1980；Fuchs，
1983）。人类的生活模式——包括人们的生活机会、社会发

展、经济保障和个人满意度——与经济状况密切相关
(Dahrendorf，1979；Elder，1974)。特别是在过去三十年
中，一些主要研究采用了生命历程的观点来考察社会经济条
件和个人生活结果之间的明确联系(Clausen，1993)。就像
一个人的出生条件不仅影响他出生的头几天，也包含随后的
几年以及他的一生(Clausen，1993；Elder，1974)，人们刚开
始从事科学工作时所处的条件不仅决定了他们在起跑线上
的经历，甚至可能决定其在整个跑道上的经历。

　　重要的一点很容易被忽略。科学职业生涯中第一个任
职单位至关重要：它设定了一个期望的范围。当科学家开始
他们的职业生涯时，第一份工作的条件决定了他们对未来的
看法。第一份工作的重要性是无法再造的，因为它在很多方
面都是学术生涯中所特有的，所以就业的第一个地方严格地
限定了一个人以后要做什么或以后要去哪里。[59]

　　在劳动力市场中，科学家们被筛选到各种以不同方式支
持科学事业的机构中。他们遇到不同的机会，无论是好是
坏，这些机会指明了他们最愿意走的路。资源，无论是人力
的，物质的，还是金钱的，在世界之间是不平等的，在可用性
和质量上是不平等的，但是它们以有意义的方式规定了一个
人所从事的职业。正如我们所听说的，许多曾经有过重大科学
发现梦想的科学家现在发现他们自己正在根据本土环境的机
会(和新发现的个人能力)调整那些梦想。此外，在进入一个世
界的过程中，科学家们接触并内化了有关表现的规范。但正
如我们所看到的，这些规范在不同的世界中有很大的不同。

　　此外，一旦到了一个机构，科学家往往会发现很难转移

到另一个机构，特别是到另一个不同的世界。如表 2-2 所示，科学家们倾向于待在他们最初进入的地方；流动性很低。这些流动模式进一步凸显了从学生或博士后研究员到成为一名正式成员的转变的重要性。这种转变为整个职业生涯奠定了基础。

一个跟踪系统随之发展。发展轨迹之间不但泾渭分明，而且很少交叉。因此，职业生涯开始的条件是理解职业生涯如何展开的关键。对大多数人来说，开始职业生涯的地方就是结束职业生涯的地方，这一简单的事实强化了时间的影响。简而言之，历史之手最终会影响一个人对世界的影响（Shanahan，Elder & Miech，1997）。

财政紧缩时期职业成熟的条件与相对繁荣时期的职业成熟条件截然不同。其中一个问题是，在资源相对稀缺的时代，当今"最好的"职业是否有可能与过去相对充裕的时代的最好职业相媲美。[60]用句老话来说，时代变了。这些变化带来了不同的职业，因此形成自我认同的基础也不同。

失业

失业是衡量影响个人及其职业的一个主要指标。在研究失业时，我们可以确定职业开始发展并产生结果的背景，如果职业开始的时间不同，结果可能会有很大不同。

由联邦政府的科学研究机构——美国国家科学委员会（National Science Board）编制的失业率反映了不同历史时期的社会经济状况。表 4-1 列出了 1968 年至 1993 年科学家的失业率。从这些比率中可以看出学术界劳动力市场的趋势,如下所示。

表 4-1 1968—1993 年美国科学家失业率

年份	失业率
1968	0.5％
1970	1.0％
1971	1.5％
1973	1.3％
1975	1.1％
1977	1.3％
1978	1.1％
1979	1.0％
1981	1.6％
1983	2.5％
1986	1.5％
1991	2.0％
1993	2.6％

来源:美国国家科学基金会(1979,1981,1983,1985,1987,1993,1996)。

注:失业率是估计数字。由于汇编和报告数据的类别不同,这些比率在不同年份之间可能无法完全可比性。1993 年、1991 年、1986 年、1983 年和 1981 年的失业率是"物理科学家"的。1979 年和 1978 年的失业率是"博士科学家和工程师"的。1977 年、1975 年、1973 年、1971 年、1970 年和 1968 年的失业率是为"博士科学家"制定的。在所有可获得数据的年份中,总失业率低于自然科学家的失业率,特别是物理学家的失业率。因此,这个表格低估了物理学家的失业率。所显示的年份是可获得数据的年份。

在 20 世纪 50 年代和 60 年代的冷战和人造卫星时代,物理学和高等教育领域的工作相对丰富。这反映在 1968 年相对较低的科学家失业率上,为 0.5％。科学家的失业率在1968 年之前甚至都没有系统地收集,很明显,这是因为当时

根本不需要这些信息。正如 1973 年的一份政府报告所述,
"在 60 年代的大部分时间里,新科学家和工程师的培养无法
满足时代的需求"(美国国家科学委员会,1973)。

美国的高等教育体系在整个 20 世纪 60 年代都得到了扩
展。坊间证据表明,在这段时间进入学院的人通常会收到几
个职位的邀请,有时多达 6 个甚至更多。许多大学的终身教
职和晋升政策还没有正式确立。在很多情况下,教员们要么
根本不知道自己要晋升终身教职了,要么根本就不关心,因
为工作机会很多,流动也很容易。

然而,市场在 20 世纪 70 年代早期收缩,工作机会也不如
整个 60 年代那样充足。1971 年,科学家的失业率达到了
1.5%的峰值,这个数字也许掩盖了当时开始职业生涯的科
学家所感受到的变化的严重性。市场需求低迷。几年后,失
业率"软化"了。到 1979 年,科学家的失业率降到了 1.0%。
正如当代研究生中常用的表达一样,人们又一次"找到工作"
(getting jobs)了。

然后一个重大的转折发生了。从 20 世纪 80 年代开始,学
术劳动力市场急剧萎缩。这一时期通常被认为是学术界最沉
闷的时期之一。"紧缩"是这个时期在美国高等教育中经常使
用的术语。1983 年,科学家的失业率升至 2.5%,创历史新高。

这种情况在 20 世纪 80 年代的大部分时间里都持续了下
来,市场状况每年都有轻微的波动,但没有像 70 年代早期经
济萎缩之后那样的持续复苏时期。这种严峻的市场形势一
直持续到 90 年代。[61] 1993 年,自然科学家的失业率为
2.6%。对于物理学家来说,这个数字是 4%(美国国家科学

委员会,1996)。[62]那时物理学家的失业率在所有学术领域中是最高的,只有社会学/人类学和地球科学有相同的比例(美国国家科学委员会,1996)。学生和教师们将市场描述为"极度紧张"。

总而言之,科学经历了 50 年代和 60 年代的扩张,70 年代早期的适度收缩,70 年代中期的重生,以及 80 年代早期的急剧收缩,这种收缩或多或少一直延续到现在。然而,失业率只能部分说明人们在职业中所面临的状况。更糟糕的是,由于如今科学家的失业率看起来低得令人难以置信,可能很难反映不同时期失业率对个人及其职业生涯的影响。两年内失业率上升 0.5%的后果是什么? 人们可能会认为这一变化微不足道。

当然,科学领域的失业是更广泛发展的一部分,包括整个教育体系的增长和收缩。对一些读者来说,尤其是学术界中的和年长的读者,重新走一遍美国教育历史的足迹只会证实一些众所周知的东西。但重要的是要把主要的历史趋势清晰而全面地摆在桌面上,因为这些趋势为评估它们对个人生活的影响提供了更全面的背景。

招生,师资规模和资金

美国高等教育的重大历史转变在招生、师资规模和研究支出这三个关键领域表现得很明显。表 4-2 记录了高等教育在这些方面的发展趋势。注意,在每一部分,数量都在增加。单看这些数字,人们可能会得出这样的结论:美国高等教育一直在稳步增长,在任何时候,它都应该保持良好的健

康状况。然而,这些数字没有变化的速度那么重要。无论我
们考察的是招生人数、师资规模还是研究支出,变化率都反
映了重大的历史中断。

表 4-2　1949—1990 年美国高等教育的部分趋势

在读人数[a]		
年份	数量(人)[b]	变化(%)
1949—1950	2 659 021	—
1959—1960	3 639 847	＋36.9
1969—1970	8 004 660	＋119.9
1979—1980	11 369 899	＋44.5
1989—1990	13 538 560	＋17.0
教师规模[c]		
年份	数量(人)[d]	变化(%)
1960[e]	163 656	—
1969[f]	326 000[g]	＋99.2
1970	369 000[g]	—
1979	445 000[g]	＋20.6
1980	450 000[g]	—
1989	524 000[g]	＋16.4
联邦政府对科研的支出[h]		
年份	金额(百万美元)[i]	变化(%)
1960	1 659	—
1969	5 216	＋214.4
1970	5 191	—
1979	5 594	＋7.8
1980	5 717	—
1989	9 047	＋58.2

续　表

联邦政府对研究和发展经费的支出[h]		
年份	金额(百万美元)[i]	变化(%)
1960	1 552	—
1969	4 878	+214.3
1970	4 760	—
1979	5 561	+16.8
1980	5 805	—
1989	8 307	+43.1

a 资料来源:美国教育部(1995)。
b 包括所有高等教育机构的学生。
c 资料来源:美国教育部(1970,1995)。
d 包括教授、副教授、助理教授、讲师、讲师、助理教授、兼职教授或兼职教授(或同等职称)的全职教学人员;不包括担任教学人员的研究生。
e 实际年份为 1959—60 年,但为便于与后来的数据比较,已作了更改。
f 实际年份为 1969—70 年,但为便于与后来的数据比较,已作了更改。
g 美国教育部调查估计。
h 资料来源:国家科学委员会(1996)。
i 以百万计,以 1987 年固定美元计。

从各个方面来看,20 世纪 60 年代似乎都是美国高等教育的黄金时代。在那十年里,入学率提高了近 120%;全职教师的人数提高了近 100%;研究经费增加了 200% 以上。这些趋势源于一系列的社会、经济和政治因素。大学开始教育婴儿潮一代(Modell,1989),并雇用空前数量的教师来满足需求。美国大学开始在国际上充满活力地竞争,部分原因是冷战和人造卫星引发的政治担忧。这促进了教员规模的增长和研究资金的大量注入。[63]

在 20 世纪 70 年代,招生人数、师资规模和研究支出的绝对值继续增长,但增长速度却大大降低:这三个领域都出现了严重的收缩。入学率的变化率为 44.5％，教职工人数的变化率为 20.6％。用于研究的联邦支出经历了更为剧烈的变化，几乎停滞不前：基础研究支出不到 10％，学术研究和发展支出不到 20％。

20 世纪 80 年代，招生人数和教职人员规模的收缩更为明显。这些成分的变化率分别为 17.0％ 和 16.4％。有趣的是，联邦在研究上的支出减少了，基础研究和学术研究和发展的变化率徘徊在 50％ 左右，相比上一个十年显著上升。然而，这些比率与 20 世纪 60 年代的比率有很大的不同。

职业初期的系统性差别

从历史上看，这些趋势使个人面临着不同的机遇和限制。它们可能会改变人们的人生轨迹，把那些在其他时间进入科学领域的人拒之门外——可能早 5 年或晚 5 年。

对职业发展过程的描述突出了时间的影响。下面的情况在年长的科学家（第一批科学家）中很常见，他们是在扩张时期进入这一领域的。

你是怎么到这里来的?

我一开始和我的导师一起找工作，我想寻找一些高质量的学校。我的妻子想住在东海岸，以便离家人更近，但这很受限制。我不想那样。总之，这是生活的妥协之一……我看了看哥伦比亚大学，我看了看哈佛大学，我看了看麻省理工学院，然后，我顺便看了看布兰代斯。我真的不喜欢哥伦比亚大学，我甚至都没去看耶鲁大学。我不喜欢他们的名声。

所以当时你有机会选择或挑选吗?

是的,我想我可以找到其他工作,但我从来没有试过⋯⋯所以最后他们邀请我来这里做演讲,然后马上建议我成为科研队伍的一员。我笑了。我说,如果他们不给我一个教职,我就留在普林斯顿。所以他们给了我一个教职员工的职位。[64]

下一个描述是一位 70 年代初获得博士学位的科学家。尽管当时处境艰难,他还是进入了一所精英学府,这一事实证明他非常优秀。

你是否遇到了⋯⋯人生的岔路口?

是的⋯⋯在我出去找工作的时候。在 70 年代早期,在 1970 年⋯第一次就业危机开始了⋯⋯在 60 年代,大学迅速建立起来,但突然发生了崩溃,就在我刚出校门的时候⋯⋯你会听到很多人找不到工作的故事,但在那之前还有很多。

市场是如何影响你的?

我在匹兹堡大学得到了一个助理教授的职位,这很不寻常。那时候很少有工作。而且大多数地方都要求先有博士后。但我拒绝了,我选择了一个讲师的职位,类似于耶鲁大学的博士后职位。

你为什么要拒绝当助理教授?

首先,我很愚蠢,很天真。但真正的原因是,匹兹堡大学不是一所顶尖大学,如果我去了那里,我想我可能会在那里度过我的余生。我想也许我应该试着去一个更有声望的地方看看。奇迹般地，我成功了。回头看，你就会意识到那是一次巨大的冒险。[65]

这一叙述与前一叙述有明显的对比。科学家或多或少可以选择一个机构——而且，这种选择受到配偶"想要离家人近一点"的愿望的限制，这一事实在几年后则宛如一个童话。但在 20 世纪 80 年代进入这个领域的科学家的描述中可以看到更大的反差，当时劳动力市场经历了最严重的紧缩。下面这位科学家在 1986 年获得了博士学位。

我花了一年半到两年的时间来找工作……我肯定申请了 15 到 20 个不同的工作。我大概经历了 7、8 次面试。有一段时间，我觉得自己的面试都很棒，去大学访问一到两天，成绩都很好，但几个月后我接到电话，（听说）我是他们的第二选择……我在密歇根州立大学做了三年博士后，在德国又做了一个。在第一个博士后毕业后，我就有可能申请这个级别的工作。但我当时认为，以这种经历还不足以成为这份工作的强有力候选人。[66]

这位科学家也说明了这一时期越来越多的科学家使用博士后职位作为"待命状态"（holding pattern）的趋势。这和其他一些叙述表明，当时的趋势是获得两个甚至三个博士后职位。科学家们要么希望能够成功地竞争教职岗位，要么决定进入非学术科学领域，要么最终完全离开科学领域。专业协会对毕业生的调查证实了这一点（美国物理研究所，1995；

Kirby & Czujko，1993）。

博士学位授予规模

尽管在 20 世纪 70 年代和 80 年代，高等教育在以前所未有的方式萎缩，但人们继续以稳定的速度获得博士学位。表 4-3 追溯了这一过渡时期美国大学授予博士学位的模式。

表4-3 美国大学博士学位授予数

年份	规模	变化（%）
1949—1950	6 420	—
1959—1960	9 829	+53.1
1969—1970	29 866	+203.9
1979—1980	32 615	+9.2
1989—1990	35 720	+9.5

来源：美国教育部（1995）。

20 世纪 60 年代获得博士学位的人数与对其服务的巨大需求相适应。从 1960 年到 1970 年，博士规模以惊人的速度增长，增长率为 203.9%。在随后的 20 世纪 70 年代和 80 年代，这一速度并没有持续下去（这显然已经造成了一个问题），但获得博士学位的人数在相同的范围内徘徊，大约在 3 万至 3.5 万之间。激烈的竞争随之而来。

激烈的竞争是美国科学和高等教育盛行的特点。激烈的竞争还使许多科学家似乎越来越具有一种个人特征，即工作机会的紧缺增加了他们对成功的焦虑。[67]

群组对比

追踪事件对群体的影响的一个逻辑点是，考虑"成功"是如何被定义的以及谁是成功的。因为成功是制度驱动的结果，这一制度驱动科学家（及专业人士）对一个领域和生活作出重大贡献（Merton，1973c）。

科学成功的标准发生了变化，原因很简单。例如，严峻的社会经济条件提高了对角色表现的期望。在紧张的市场条件下，奖励绩效被提高到一个更高的标准，因为劳动力资源相对于可用的职位是很富余的。众多个体之间的竞争提高了成功的门槛。曾经，一篇好文章可能对一位科学家很有帮助；而另一些时候，可能需要发表 2 篇、4 篇甚至 20 篇文章。

这不仅适用于职业生涯开始时的关卡，比如谁先找到了一份工作；也适用于整个职业生涯的标准，因为竞争会把所有的门槛推得更高。[68]

在许多科学家的叙述中，完成一件事往往是实现更大成就的契机。那些达不到要求的人，如果缺乏工作保障，很容易被取代。但即使在工作稳定的情况下，个人也很容易被超越，因为人才库非常充足。结果体现在相对较少的认可中，包括正式的认可，如引用、荣誉、奖励和薪水，以及非正式的认可，如尊重。一位观察学术生活变化的人直言不讳地说：

我的第一本书很受欢迎；我发表了一些文章和评论文

章,三年后我被授予终身职位的时候,甚至都不知道他们当时在考虑我。如今,当我看到助理教授们周期性地被羞辱时,我不知道为什么有独立思想的知识分子会去追求学术生涯;我很难想象一个人能不在持久的伤痛、深深的痛苦和复仇的欲望中熬过这段时间(Berger,1990)。

角色表现评估标准的变化,以及对个人和群体的影响(见表4-4)。这个表格列出了几个传统的对于成功的衡量标准,并确定了不同的群组在每个类别中是如何比较的。这里我们看到了长期趋势对个人的影响,之前讨论过的趋势包括招生、师资规模和研究支出。

表4-4　不同年龄群组的角色绩效

特征	群组 I (1970 年前博士毕业)	群组 II (1970—1980 年博士毕业)	群组 III (1980 年后博士毕业)
第一份工作的平均论文篇数[a,b]	5.2	7.2	12.5
获终身教职的平均论文篇数[c,d]	14.6	24.0	23.5[e]
获正教授的平均论文篇数[f,g]	22.6	47.2	—
获终身教职的平均年限[h,i]	3.9	4.5	4.8
做博士后的比例[j,k]	54.5	68.8	94.5
做一站以上博士后的比例[l]	1.0	3.8	63.6

a 在科学家获得第一份工作之前,期刊论文的平均发表数量不包括其他出版物。"第一份工作"被定义为助理教授或访问助理教授的任职。
b 群组 I:20 人;群组 II:15 人;群组 III:22 人。由于无法获得数据,案例数与总群组数不一致。那些在学术科学之外开始职业生涯的科学家(例如,工业科学家)被排除在外。

c 这里统计的是获终身教职时的文章发表数量。其他出版物除外。

d 群组Ⅰ:20人;群组Ⅱ:14人;群组Ⅲ:10人。由于无法获得数据或科学家没有获得终身教职,案例数与总群组数不一致。那些在学术界之外开始职业生涯的科学家(例如,工业科学家)被排除在外。

e 这个数字被低估了;它只包括了两种精英,因此过度代表了在研究中往往产出较低的多元主义科学家和社群主义科学家。

f 科学家晋升为正教授时发表的期刊论文平均数量。其他出版物除外。

g 群组Ⅰ:18人;群组Ⅱ:11人;群组Ⅲ:0人。由于无法获得数据或科学家不是正教授,案例与总群组数不一致(见表1)。在学术界以外工作的科学家(如工业科学家)被排除在外。

h 科学家获得终身职位所需的时间长度。

i 群组Ⅰ:18人;群组Ⅱ:11人;群组Ⅲ:0人。由于无法获得数据或科学家不是正教授,情况与总群组数不一致(见表1)。在学术界之外开始职业生涯的科学家(如工业科学家)被排除在外。

j 在成为助理教授或访问助理教授之前拥有博士后或同等职位的科学家的百分比。

k 群组Ⅰ:22人;群组Ⅱ:16人;群组Ⅲ:22人。

l 在成为助理教授或访问助理教授之前,拥有一个以上博士后职位或同等职位的科学家的百分比。

从根本上说,现在大学教授的生活与20年前已经不同了。如果我们再往前看,变化会更加明显。从表4-4的每一项数据可以看出,随着时间的流逝,"成功"变得越来越难实现。如今,即使进入这一行业,也需要作出大量贡献,这反映出学术界的竞争已经变得多么激烈。这一点从科学家被任命为助理教授时发表的平均论文数量就可以明显看出。助理教授通常是第一个长期学术职位。1970年以前获得学位的科学家平均发表5.2篇论文,这本身就是一项成就。但到了1980年,这一数字发生了巨大变化:获得学位的科学家在得到第一份学术工作之前平均发表了12.5篇论文。

科学家在获得终身教职之前发表的论文数量也存在同样的规律。对于最年长的一群科学家来说,这个平均值是14.6。但最年轻的一组,平均是23.5。

有两点是需要注意的。首先,组Ⅲ的平均论文发表数量(23.5篇)实际上被低估了,因为只有两位精英被包括在内——他们是第三组中唯二拥有终身职位的精英。因此,这一标准过度代表了多元主义者和社群主义者,他们往往不那么多产。因此,如果更多的精英被包括在内——就像他们在未来的时间点——平均数字将会高得多,并且与组Ⅱ(24.0)和组Ⅰ(14.6)的平均值会有显著差异。

其次,比较每一种成功衡量标准之间的数字很有启发性。如上文所述,组Ⅲ的成员在找到第一份工作时,平均发表论文数为12.5篇。请注意,这个平均数与组Ⅰ获得终身教职时发表的平均论文数是多么接近:14.6。如果组Ⅰ的成员在大约25年后才进入这个行业,并从事同样的工作,他们很可能留不下来。在获得终身教职时发表的论文数量(一般情况下是四到七年后才能获得)和晋升为正教授时发表的论文数量(通常被视为最高学术级别)之间也存在明显的类似对比。对于最年长的一组人来说,他们升任正教授时发表的论文平均数量为22.6篇。但最年轻的一组学生在获得终身职位时平均发表了23.5篇论文。即使作为一个被低估的指标,它也超过了年长科学家取得最高职称的数量。

科学家获得终身教职的平均时间也发生了变化,随着时间的推移而延长。现在,对早期角色表现的评估需要更长的时间。在紧张的市场环境下,大学可以延长助理教授和副教授的职位。最年长的科学家获终身教职平均需要3.9年,而最年轻的科学家获终身教职平均需要4.8年[69]。虽然这种差别不到一年,但业绩的其他方面的变化使这种差别更加巨大。平均而言，年轻科学家的科研产出远远高于年长科学家，而且他们的高科研产出所需时间仅略长一点。

其余两项与博士后职位有关的指标也显示了该职业的长期变化。最年长的科学家中有一半多一点的人（54.5％）担任博士后，而最年轻的科学家中几乎所有的人（94.5％）都担任博士后。现在，博士后几乎被普遍认为是必不可少的职业阶段。它已经制度化，很少有人不做博士后工作。[70]

博士后的制度化可能源于多种因素。一方面，如果一个人想在职业生涯的后期成功地进行研究，科学的认知发展已经使这一阶段成为进一步获得专业知识的关键阶段。另一方面，紧张的市场环境将博士后提升为一个职业阶段，在学术和非学术职位上帮助科学家获得竞争优势。这种竞争优势并不是因为现在几乎所有的科学家都有博士后学位；相反，优势是通过在这个阶段获得的其他标准表现特征获得的：出版物的质量和数量；博士后导师的声誉和影响力以及博士后单位的声望。科学家们将研究生院描述为一个基础训练阶段；博士后是事业成败的关键[71]。

基本上没有研究生直接进入教职岗位……作为一个研究生，你和你的导师一起工作。你应该展示出你独立工作、独立思考的能力。在你的博士后阶段，你要证明你有能力发起新的研究……最重要的是如果你表现好，两年后你的研究就能成为研究热点。如果你的工作变得有影响力……人们知道你……你就会得到一个教职。[72]

后一种观点认为博士后是获得竞争优势的一种手段,很多人从事不只一站博士后,似乎证明了这一观点。组Ⅰ只有1.0%从事过一个以上的博士后;组Ⅲ的比例是63.6%,这是一个显著的变化。这些数字说明了高等教育转变的重大影响。体制的收缩,加上博士培养数量的稳定,造成了劳动力的供过于求;大量积压的求职者利用博士后来互相竞争。对许多人来说,博士后是他们在科学领域站稳脚跟的唯一途径。

这一观察进一步提出了一个观点。表4-4只展示了那些留在科学领域的人。考虑到20世纪90年代失业率的上升和学术界的持续萎缩,我们应该把这些人视为少数幸运儿。对于那些因为没有空间而不得不离开的人,我们缺乏足够的信息。

然而,对于那些留下来的人,表4-4显然表明了雄心在科学生涯中所起的作用。不管时间有多长,雄心都能推动个人前进,在任务艰巨时也能促使他们坚持下去。但随着职业竞争日趋激烈,雄心的作用也愈发重要。如今科学家被评判的标准是史上最高的,科学的制度化风险也达到前所未有的程度。如果我们将这些赌注与社会上的其他活动进行比较,科学可能是最具竞争性的游戏之一。如果说雄心在人们的成功中起着一定作用,那么科学则更应该把雄心当作成就一项重要事业的首要因素。

群组认同概述

有人可能会怀疑,学术职业随着时间推移而产生的差别，并不会自然消除学者群体中的年龄影响（Neugarten，1974，1979b）。笼统地说，"时期效应"（period effects）被认为是由历史时期或事件留下的"印记"，其以独特的方式定义群体[73]。人们成长和生活的共同条件塑造了他们所属的群体，并产生了世代认同的概念（Mannheim，1952；Ryder，1965）。因此，流行的说法谈到了"代沟"，即不同年龄组之间的观点和个人习惯的差异。这些差异的一个表现是"代际政治"的概念——不同年龄组之间的行为和政策冲突。人们熟悉的比喻是，年轻的土耳其人对抗保守派，圆颅党对抗骑士党。

科学家之间的年龄差异最突出的一个方面是群体之间的表现预期。这些期望往往反映了他们职业生涯开始时的不同历史条件。因此，年轻人抱怨年长的、资深的同事们用高标准来评判年轻科学家的成绩，但他们自己却做不到。在多元主义者和社群主义者的世界里，情况尤其如此。在这个世界里，新聘的教员往往拥有精英血统，资深教员在他们自己的工作中继续遵循过去的标准。推而广之，那些老派，尤其是多元主义者和社群主义者，抱怨他们的大学不再充分重视教育——这对许多资深教师来说一直是首要问题。相反，这所大学现在是"以研究为导向"，或者更糟，"像企业一样经营"。年龄的政治以各种方式表现出来，如下面的描述所阐明的那样。

物理是年轻人的游戏。特别是新的规则取消了教授强制退休的规定，我们正面临严峻的问题。人们不退休，不给年轻人腾出空间，这就是问题所在。我是一个实验室的主任,所以我必须处理这些事情。我知道很多教授从内心觉得他们比任何几位助理教授都要好。但事实并不是这样。[74]

问题在于,(大学里的)人们没有认识到研究的重要性,或者害怕研究。我认为其中一个原因是,这里曾是一所以教学为主的学校,人们被雇用来教学,而现在科研变得很重要,他们没有办法弥补这两者之间的差距,也不能变成原本教学岗位未曾期待过的样子。我认为他们失去了掌控;我认为他们一直都希望自己最终会掌控一切并在学校步步高升。我认为他们确实害怕……学校对科研的重视。他们根本无法在科研领域竞争。他们几乎被一代人甩在身后了。[75]

重申

本节讨论的重点是群组之间的比较。历史条件通过直接影响工作中的机会和限制,以及通过不断改变绩效标准,使得不同群体的学术职业有所不同。为了揭示生活以多重模式运作,社会学的生命历程研究不仅强调了进行群组间比较的必要,而且强调了进行群组内比较的重要性——看到群组内的子群体如何具有系统性的差别(Clausen,1993;Elder,1974;Elder & O'Rand,1995)。

在本书中,内在差异主要体现在情境效应(contextual effects)上,即工作世界给人们带来的变化。在任何一个群体中,精英、多元主义者和社群主义者世界的职业生涯都呈现出系统性的差异。我已经把涉及产生这些变化的主要社会机制描述为"冷却"。无论是年长的、年轻的还是中年的，我们都看到了职业发展的模式差异，这是由环境所决定的。

同样，情境区分也扩展了上述"群组认同"（cohort identity）或者说"代际认同"的概念。我已经讨论了在任何一个工作世界中，一群科学家是如何从存在（being）、生成（becoming）和加速/减速的角度看待他们自己及其职业。情境差异代表了每一组成员衰老的方式，以及看待自己的不同方式。

职业生涯有多种形式。它不是统一的，不是一系列统一的阶段、标准和过渡，不会平等地、均匀地应用于所有人。相反，个体的生命历程与宏观事件和力量相互作用，并受其影响。就像所有其他人一样，科学家并没有直接地超越历史，而是与历史紧密相连。当前的机遇，以及这些机遇所带来的对未来的展望，都与人们所处的历史时期直接相关。经历的轮廓，对不幸或成功的衡量，事业的状态，以及影响的程度——个人自我定义的所有这些方面都在不同时代的力量下产生并发挥作用。

结　　论

科学家对他们的未来形成了三种不同的看法。他们的观点包含了对向上流动愿望的不同估计。走在前端的意愿在精英中最为强烈。精英的世界是推动向上攀登的最佳途径，精英世界的成员也是这样做的。社群主义者通常会"陷入困境"。他们对于成功的意愿可能很强烈,但往往受到机会有限和一种强调服务至上的文化的制约。多元主义者则聚焦于一个中等水平的成就。

然而,每个世界里都有人偏离了本土环境的规范。社会控制在精英世界中并未如此严格,在多元主义者和社群主义者中也并非绝对松散,以至于它迫使所有个人都遵从主流模式。在每一种环境中,都存在一些人与相邻的世界有相似之处。

科学家创造未来自我的方式已经满足了我们的主要目的:确定雄心在职业生涯中所扮演的角色。我们已经发现了在职业生涯中如何激励和不能激励人们。在谈到如何想象自己的未来时,科学家们使用了同样的意象来确定它们的方向,并为它们的行动提供动力。

对地位的预期包含了整体的职业文化结构。精英的文化和结构尤其有利于预期的地位社会化,因为一致和严格的社会控制规范了生活历程。精英们总是互相提醒,总有下一个目标。多元主义者和社群主义者的雄心,从整体上来说,可能不会太过分,因为他们拥有更少的方法来控制彼此。结果可以从他们的多样性中看出:动机是多种多样的,坚持下去的动机更少。当周围的人都在做同样的事情时,个人更容易降低雄心,或者更容易团结起来。因此,我们可以得出这样的结论:考虑到发挥作用的外力,在每个世界的起跑线上的克隆人,很可能在他们到达职业生涯终点时,看起来完全不同。

第五章

矛盾与自洽

在第三章和第四章,我阐述了科学家如何解释他们的过去和未来,以统一自我维度,形成现有的、不断变化的职业自我认同。梦想和想象中的自我作为概念主题贯穿了每一章节,即科学家们根据对其过去和预期进展的主观评价来呈现自我形象。我们从他们的梦想和为了取得成功而付出的实际努力中看到了雄心壮志。

然而,我们不仅仅通过梦想和想象中的身份来观察雄心。在梦想和想象的身份中,人们将自己置于有利地位。正如我们所听说的那样,他们通过想象的方式来塑造自我认同,而这些想象的方式往往与现实关系不大。因此,在这一章中,我建议从另一个有利的角度来研究雄心,即人的弱点。我将其具体称为自我怀疑:个人对自己地位的不安全感。在研究科学家的自我怀疑时,我寻求对个人的整体看法,将他们的梦想与他们的弱点结合起来。

我寻求这种整体的观点是出于理论上的原因:自我怀疑和梦想一样,能够告诉我们是什么在驱动(或阻碍)着他们

(Homey，1945；Ludwig，1995；Simonton，1994）。自信和不安全感不是相互排斥的，在单一个体身上找到这两种特征并不矛盾，它们可能会同时运作。有时，自信可能会屈服于不安全感；有时，自信可能会掩盖自我怀疑。

不安全感可能表现为驱动个人的两种力量：对成功的渴求和对失败的恐惧。当个人试图减轻或纠正他们感知到的弱点时，我们可能会看到雄心。

伍德罗·威尔逊(Woodrow Wilson)对自己青年时代的反思充分表明了他早年担心自己愚蠢、丑陋、一文不值、不讨人喜欢……他对爱情、权力和成就难以平息的渴望，以及追求完美的强迫性品质，也许都可以追溯到这种必须加以驳斥的、根本毫无价值的执念上。因为那些为自我评价过低而烦恼的人们寻求消除内心痛苦的方法之一就是提高成就和获得权力。(George and George，1956，8，引自 O'Brien，1994，194)[1]

接下来，我们将听到人们与自我的对话。在他们所有的焦虑和矛盾中，内心的声音往往不是在宣判死亡(除了那些最苦恼的人)，而是否认。我们将听到这些科学家们如何克服恐惧和焦虑，这些恐惧和焦虑既威胁着他们的雄心，也创造了他们的雄心。

与恶魔交手：心声与挣扎

学术界产生了明显的社会心理焦虑。每个人都会遇到一系列职业问题,这些问题会影响他们看待和理解自我的方式。鉴于不同的文化和结构,其中一些问题在一个世界比在另一个世界出现得更频繁,另一些问题则同时存在于三个世界之中。

精英

对于精英而言,社会心理焦虑通常与进步有关。尽管取得高而稳定的成就是精英们的惯常特征之一,他们仍然经常怀疑自己的成就。事实上,对进步的怀疑很可能源于高而稳定的成就,因为获得成就是职业道德的要求,而科学家们常常发现自己处于同行比较之中。

这种现象同样可以用社会控制来解释。制度要求和群体规范迫使科学家付出努力,提高科研产出。对进步的怀疑出现在科学家们努力符合职业道德和规范的情况下。因此,我们发现精英科学家会问自己,他们在职业生涯的每一个阶段表现得如何。他们尤其倾向于问:"我足够优秀吗?我会成功吗?我有(取得成功的)条件吗?我做的和我应该做的一样好吗?我是不是慢下来了?我会保持努力吗?"而当职业生涯偏离正轨时,精英们最倾向于想知道原因,仅仅是因为他们的文化要求他们不断前进和向上。所有这些问题都暗含着比较:和其他科学家一样,精英们在与他人的比较中形成自我认同,并且都把职业道德规范作为指导。

实现目标的任务使科学家对取得的成就及取得这些成就的速度感到焦虑。这几乎适用于所有精英,甚至包括那些有意减速的人。对进步的焦虑也几乎不受年龄限制,年轻科学家和年长科学家都会对自己的成就产生怀疑。不管有些人变得多么杰出，他们总能发现被认为更优秀的人。

上一章介绍的查理·霍夫曼解释了他和其他科学家的工作标准及这些标准引发的焦虑。他的叙述说明了一个科学家故意放慢职业生涯脚步，却仍然对自己在这个领域的地位感到怀疑。尽管与机构目标保持距离，他仍然无法完全摆脱这些目标对个人的控制。

物理学家倾向于将自己与那些无法比拟的人进行比较，如爱因斯坦、盖尔曼或费曼。从某种意义上说，这就是标准，尽管这是一个荒谬的标准，但你总会怀疑自己是不是一个优秀的物理学家。毫无疑问，我对自己是多么出色的物理学家存有疑问，但我知道任何其他物理学家都曾有过这些怀疑。[2]

下面这位科学家谈及他是否自我怀疑的问题。

是的，每天。每天。我对自己的专业能力没有任何怀疑，我怀疑的是我是否还会有另一个好想法。我能提出新问题吗？我妻子说——我们已经认识九年了——她能看到我所经历的周期：在低谷时我很痛苦，无法思考自己能做什么，(这种情况)可能会持续几天。接着一些想法会浮现，其他问题会出现，然后我就会振作起来，随着事情的成形，论文的出现，概念的发展，以及一切都步入正轨时，就会有狂热的兴奋。然后又开始往下走。她知道每一个低谷都会伴随一个高峰。她观察得很清楚。处在低谷时我会产生一种可怕的恐惧，即我永远想不到任何值得做的事情，我已经发表了我的最后一篇论文。[3]

尤其是当情况似乎不利于实现机构目标时，科学家们就会感到必须有所进展的急迫性。暂时的挫折被放大为对一个人长期流动机会前景的更大概括。

没有人的职业生涯是一帆风顺的。事情没有进展；你感到沮丧；你正在做的实验就是不起作用；人们不感兴趣；你没有得到有趣的结果；没有继续前进，等等。会有想法枯竭的时期。你认为你已经失去了想法。你开始怀疑自己是否还能再做什么好事。[4]

显赫的地位不一定会带来安全感或不受挑战的自信。一位诺贝尔奖获得者评论，精英的竞争往往会激发人们的不满足感。

如果你环顾四周，尤其是在你试图解决一个棘手的问题却没有取得进展的情况下，看到其他人取得了成功，他们可以达成非常精妙的目标——你就会怀疑。[5]

类似地，一位已跻身其领域顶尖地位的女科学家评论道，自我怀疑在科学家的生活中永远如影随形。

我总是对自己抱有怀疑。我总是陷入一种觉得自己完全没有资格、没有准备好的情况，而又必须以某种方式应对这种情况。我对自己说了两件事，这两件事帮助我克服了我没有资格做某件事的糟糕感觉：第一，别人认为我有资格做这件事那么我就有资格做这件事，否则他们就不会指定我做这件事；第二，在大多数情况下，这是第一次要求女性做这件事，我不仅要让自己有资格，而且要做得很好。

有哪些具体的（自我）怀疑？

比如我没有背景，我没有技能，我不够聪明，所有这些。[6]

对进步的焦虑导致对时间的痴迷：时间是那么有限，如何才能最有效地利用时间。精英们通常不遗余力地守卫时间（Hochschild，1997；Nippert-Eng，1996）。他们通常设有"办公时间"，即允许别人接触自己的时间。他们的访问时间通常只在每周的既定时间内安排，或完全按预约安排。他们不喜欢随意的打断、非正式的对话和闲聊。他们专注于正事。一段时间没有联系的同事在走廊会面时，不太可能问对方"你好吗？"，而更倾向于问"这些天你在忙什么？"（解读："你是怎么利用你的时间的？有成效吗？有意思吗？会做成一些有价值的事情吗？"）

一位科学家表达了人们对时间的普遍看法，以及如何将利用时间与人们希望的进步联系起来。

你想在什么方面做得更好？

能更有效地利用时间。如果我的脑子里想着一些事情，我就不能坐下来很快想出别的事情。我就是做不到。我只是不停地在想那件事,而其他事情都变得一团糟。我给我的学生一些事情去做,他们回来了,但我的心思不在这些事情上。当我最终接受了自己的想法后,我才能协调其他的事情。(这让我觉得)很难受。如果能利用好几天的时间,就会觉得精力充沛,非常健康。但如果一整天都在原地打转,毫无进展,就会感到沮丧。这是一种让人很厌恶的感觉。[7]

对进步的心理焦虑、对能力的质疑以及对时间的痴迷加剧了对认可的竞争。认可至少看起来证明了一个人的努力,并最终证明了自我。与多元主义者和社群主义者相比,精英们似乎更需要保证自我价值。他们常常感受不到足够的荣誉,这在很大程度上是因为荣誉是他们自我认同的核心。他们经常显得如此紧张和自我陶醉,这些可能是正常的特征,是构成他们"情感工作"的一系列属性的一部分(Hochschild,1983):有意识地操纵印象以适当地发挥其作用。

精英科学家们通常表现出利己主义和自我中心:他们非常认真地对待自己的工作(通常还包括他们自己)。他们相信自己工作的重要性,并倾向于认为那些没有同样动机的人是笨蛋、江湖骗子或者不知何故没有"与时俱进"。他们不容易被说服,也不容易被别人打动。他们已经被社会化,他们能够承受极端的逆境,也许是因为他们在"竞争游戏"中会遇到更多的逆境。

对认可的竞争会影响许多个人品质和举止,包括幽默感。精英们确实有幽默感,但他们的幽默感往往具有鲜明的特点。在工作中使用陈词滥调或愚蠢的幽默可能会受到精英们的冷遇或厌恶,因为他们认为这种幽默会破坏他们的严肃性和专业性。在与精英人士交流时,我得到的印象是,过于随意或漫不经心的工作行为会被判为"不专业",甚至不称职。表现出这种行为的人显得头脑浅薄和狭隘,不能给自己或他人带来荣誉,从而违反了精英世界最神圣的道德准则之一。精英们更有可能对具有智慧和学识魅力的幽默做出积极回应,包括粗俗的内容。然而,即使是这种幽默,通常也只在最非正式的场合使用。此外,精英们不喜欢取笑自己,因为他们认为这是一种自我贬低。然而,在亲密的朋友或同事之间,他们会拿滑稽的缺点开玩笑。他们在职业舞台之外的私人幽默,可能和其他地方一样粗俗。但即使在娱乐中,学术严肃性表明了精英们整体的学究特征。[8]

许多精英已经习惯于成功,以至于他们期望所做的几乎每一件事都成功。当成功没有到来,或者没有像他们预期的那样迅速到来时,精英们通常会变得焦虑和愤怒(有时是对自己,但更多的是对导致失望的其他人的行为)。一位科学家通过在其他人身上看到许多雄心壮志的附属特征来传达这些特征。

这里的人都是野心勃勃的人,他们成就过人。他们常常觉得自己没有发挥出全部水平;他们觉得同行不尊重他们。很多人都希望得到同行的尊重。[9]

请注意下面的科学家是如何声称精英学校更令人谦卑的。他提出了一个悖论。一方面,他受益于他在机构的位置,这是大多数其他世界的科学家所没有的。另一方面,他表示自己的处境并不令人满意。尽管一个团体可能会给个人带来声望,但无法处于顶层会让人感到自己不被认可。这样的社会条件很可能加剧了那些自我投资通常很大的人对自己的不安全感。

这所大学培养了物理学各个领域的诸多人才,所以在像这所大学这样的地方,很难脱颖而出。这里拥有一支质量非常高的教师队伍,我们中的任何一个人在一所小学校里都会是该领域里的佼佼者,会是那个学校该领域里的杰出人物。(而在这里)你只是几个人中的一个。所以它更令人谦卑。这里并不适合所有人。这种程度的关注不是很令人满意。也许对我来说这没什么,因为当我开始工作时,我并没有期望成为任何事情的佼佼者。[10]

他还强调了认可的必要性。

如果你是一个非常特别的人,你可以独自一人思考,即使没有得到任何认可,仍然可以过得很开心。但如果没有任何积极的反馈,是很难坚持下去的,很少有人能做到。[11]

当未能赢得认可时,其影响往往是让人感到沮丧。前几章中引用的一位科学家杰夫·西尔弗曼讲述了这样一个故事。即使他的成功是稳定而迅速的(或因为他的成功是稳定而迅速的),他仍然难以完全接受被拒绝。

我对没有得到斯隆基金会的奖金感到非常失望。基金会后来写信问我："你明年还会申请吗?"我的失望被放大了——我照做了,然而他们还是没有给我。这让我很受伤。每次我听到斯隆基金会的时候,我都会想,我不喜欢你。这让我很沮丧。可能还有其他类似的事情,偶尔会有被拒绝的提案。但我满足于这样一个事实,即大多数人必须忍受比我多得多的拒绝。我不太擅长处理拒绝。[12]

杰夫·西尔弗曼讲述的关于一位同行的故事,进一步指出了精英们经常对认可感到焦虑。

我认为,有很多真正的超级人物并没有意识到他们是万能的。有一些非常优秀的物理学家仍然神经质、焦虑、担心他们的形象。而我想搂着他们说,没关系,你做得很好。几周前我在剑桥,和一个叫××的人共进午餐。他可能是英国科学界最有权势的两个人之一。他拯救了我的职业生涯。他快 65 岁了,我们一起吃饭,他对自己被低估的事实表示遗憾。对我来说,这个人是神;他显然已经成功了,他做了一些美丽而奇妙的事情,他离诺贝尔奖只有一步之遥,虽然他现在永远无法获得诺贝尔奖,但他做了其他一切。我认为他是个了不起的人。我很崇拜他。我认为他是一个非常棒的人。但他对人们没有引用他的研究,也不知道他的论文感到非常沮丧,所以我会对他说,"说出一篇你的论文的题名",他说出一篇,我会说我知道那篇论文:"1958 年,你做了这个和这个,那篇论文现在构成了这个研究机构的基础。"我看得出，他对我了解他的研究这件事感到由衷的高兴。所以我认为人们关心的是他们的研究是否被欣赏。这是最重要的。我必须承认，每当我的电话上有这样的留言："杰夫，你会来温哥华办一场研讨会吗？"或者"杰夫，你会来圣地亚哥做讲座吗？"我都会想，"是的！"人们需要通过这些来不断地提醒自己，人们没有忘记你，你做得很好。[13]

社群主义者

社群主义者表现出不同的心理焦虑。实现目标和继续实现目标的呼声没有那么强烈，对进展的焦虑会有所缓解。与其他世界一样，这种焦虑通常出现在尚未获得终身职位或晋升到更高职位的科学家身上。但是，在拿到终身教职和完成正式晋升后，社群主义者对其职业发展的方向和速度几乎不加以控制。科学家们在相对较早的职业阶段（例如成为正式教授之初）就会减速，而不会遭受太多负面制裁和社会污名。许多人可能认为这是一个加分项。

社群主义者接受那些在职业生涯早期将注意力转移到其他工作上的人，比如教学，即使是以牺牲积极的研究计划为代价。简而言之，社群主义者要求彼此做得足够好，以跻身标准行列，之后他们在做什么和去哪里方面有相当大的自由度。因此，社群主义者的焦虑分为几种模式，其中一些与工作无关。

尽管个人问题可能会像困扰社群主义者一样困扰着精英，但社群主义者更倾向于讨论这些问题，因为他们的工作结构是不同的。当社群主义者获得高级地位（通常是正教授）后，他们进入了一个允许他们在对自己做出判断时拥有相当大自由度的阶段。只要已经晋升，他们就处于维护自我和谐的制度地位。在这种情况下，他们更容易谈论非工作问题。实际上，此时工作通常不再起主导作用，因此有了更多的空间来讨论专业以外的问题。因此，社群主义者更多从个人问题的角度来描述他们的自我认同。

在社群主义者焦虑的第一种模式中，科学家在职业上显得很自在。对职业方面的自我怀疑并没有成为突出问题。以下是与一位成为正教授十年的社群主义科学家的交流。

你想在什么方面做得更好？

我想把网球打得更好。

有没有一段重要的时间，你觉得事情并没有按照你想要的方式发展？

没有。我觉得事情已经按照我想要的方式发展了。

你有什么遗憾吗？

不，我不这么认为。事实上，我是一个很快乐的人。我对自己很满意。我对自己的工作很有信心。我对自己的能力充满信心，不只是在研究和教学方面，还有其他方面。我告诉过你我想当建筑师。当1974年来到这里，我买了一套房子，然后搬进去，又搬到另一套房子后，我开始计划再建一套房子。于是我在城外买了一块地……然后从零开始建了一座房子。

你是否有过让自己失望的时候？

你是说做的比我想做的少吗？

是的。

没有。

（是否）没有达到你自己的标准或期望？

不，我总是做得太多。

在生活中你是否有过内心冲突或自我混乱？

我想不出来。内心的混乱？

是的，我是说一些令你持续困扰的问题。

持续？

让你持续困扰或分心的来源。

哦，一些我一直在做的东西吗？我想不出来。

你曾经尝试过一些你一直怀疑自己是否能做到的事情吗？

哦，是的，当然。建造第一座房子就是这样。但是在建造了第一座房子之后——那是一座 3 500 英尺①的地下两层英式都铎建筑——我和第二任妻子在城镇的另一边建了另一栋房子，有 4 000 平方英尺，加上四个车库的 1 400 平方英尺。这是一栋大房子。如果说我有什么遗憾的话，那就是我觉得我应该更聪明一些。我想变得更聪明。我想留下更多的智识成果。但我只是顺其自然，尽我所能利用这些基因。[14]

在访谈的早些时候，我问到了"成功"和它意味着什么，以及他对未来的愿景。他的回答突显了社群主义者在职业

---

① 译者注：1 英尺＝0.304 8 米。

生涯早期到中期实现的相对和谐。在如何看待自己的问题上,这位科学家的叙述语气是舒适自如的,而不是紧张的。

你有什么想要实现的终极目标吗?

有。我想在科苏梅尔和科罗拉多州都有房子,然后在两地之间来回切换。科苏梅尔在墨西哥,你听说过吗? 那是很棒的潜水点。这是世界上除了澳大利亚最好的潜水地。

你对自己在职业生涯结束时的状况有什么设想?

我实在找不到任何现在就退休的理由。我一直在旅行。我可以做我想做的事。我每年去两次欧洲参加会议。我一年去科罗拉多三次,有时四次。我通常会在圣诞节前后待将近两个星期。夏天的时候我会再去那里一两次。所以这是一笔相当划算的交易。我可以做我想做的事,同时还能在系里排名第一。[15]

因此,第一种模式的突出特征是和谐,很少有心理焦虑的现象。

第二种模式下的社群主义者在职业上也很自在(即使他们职业生活的某些方面可能会引起其他学术世界的警惕),他们讨论来自职业生活之外的焦虑。他们可能已经减速了,但他们这样做并没有经受巨大的社会后果。通常情况下,他们的研究都处于次要地位。由于来自高水平表现的压力相对较弱,这些科学家可以自由地从讨论职业焦虑(如果存在的话)转向谈论非职业焦虑。在下面的叙述中,我与一位在副教授级别上"止步不前"的科学家讨论了自我怀疑。他大概率永远不会晋升了。

你想在什么方面做得更好?

我想把曲棍球打得更好一点。我进不了那么多球。我希望能够更好地记住别人,记住名字之类的。就我是谁和我今天正在做的事情而言,我想没有什么是我想做得更好的了。我没有任何真正强大的特征或特点。我没那么聪明。

你有过自我怀疑吗?

人总是会有这种怀疑,因为总是会遇到一些事情。例如,每当你获得某个研究结论,而且跑去和别人说:"我是对的,我知道我是对的,我当然是对的。"然后有人就会说,哎呀,你错了。出于谦逊的习惯,你会有片刻的怀疑,然后考虑自己是怎么得出这个结论的。但你会从中恢复过来的。我没有任何挥之不去的、持续的、长期的疑虑。

在你的生活中,是否有一些你试图理解的内心的冲突或自我的混乱?

我希望能够和另一个人,一个女人,发展一段持久的关系。我没有一段感情能维持很久。我不太明白。我结过两次婚。这是我的第二次婚姻,现在已经支离破碎了。我很可能会孤独终老。我不认为我能和任何人发展长久的关系。我认识很多女人,但我没有朋友。就女性关系而言,没有一段能长久。我有过几次热烈的恋爱,也有数不清的感情经历,但都没有持续很久。这不对劲。不知怎么的,我的相关机能出了点问题。[16]

社群主义者特有的第三种焦虑模式更多地突出了职业的主题。然而，尽管对工作的焦虑显而易见，但这与精英们的特征不尽相同。一些社群主义者怀疑他们的表现，但他们的怀疑与其说与自我效能有关，不如说与科学的目的有关。他们质疑研究的价值、意义及其有用性。这些科学家没有达到辉煌的高度，却遭受了在一些精英身上尤为明显的"意义危机"。与精英相反，这些社群主义者通常只做适度的研究投入。

你对自己有什么怀疑？

我怀疑我在物理学上永远不会取得任何重大成就。我认为随着时间的推移，这种可能性越来越大。

这会困扰你吗？

这件事让我很困扰，但我觉得这是件好事。这是每个人都有的目标。是的，太困扰了。

你认为你有办法接受这一点吗？

解决这个问题的方法是选择不太重要的问题，这本身就有局限性。一旦你致力于研究一个不太重要的问题，那么显然研究结果不会让物理学领域的顶尖学者感到非常兴奋。所以选择一个没有太大兴趣和意义的项目是有其自我局限性的。

在生活中你是否有过内心冲突或自我混乱？

在某种意义上，我想每个人，尤其是我自己，都在担心自己所做的事情的意义，尤其是我正在做的事情的意义：有意义吗？如果一个人取得了"良好的进展"，那么他就会得到其他人的肯定评价,从而在某种程度上证实了一个人所做的事情是有意义的。我没有得到其他人可能会得到的反馈。这让我开始思考,这是我应该做的事情吗?我教这门课,尽我所能地传授(知识)。所以我觉得我是在自食其力。我不认为我的薪水过高。我认为国家从我这里得到的超过了他们支付的钱的价值。我没有剥削任何人。我所做的似乎是一件光荣的事,尽我所能去了解自然科学,不管它有什么价值。这也许没有任何意义,但我还能做什么呢?[17]

第四种也是最后一种模式,在那些拥有精英职业缩影的社群主义者中非常明显。可以预见的是,这些科学家经常会经历"精英式焦虑"——关于进步的焦虑。下面引用的科学家讨论了对成功和失败的持久焦虑。与精英的描述相呼应,他的描述强调了一贯的阶梯概念。尽管年龄允许他放松研究承诺,但他通常不满足于此。他担心自己走了多远,担心自己的步伐。最重要的是,他深深怀疑自己是否做得像自己希望的那样好。

你对自己有什么主要的怀疑?

我始终怀疑自己在个人和职业上是否会成功。

你认为自己失败过吗?

回顾以往,确实有很多时候我可以在个人或专业方面做得更好……当我成为终身教授时,我可以在那个时候停止做研究而去教书。我一直认为研究是我想做的事情之一。在我看来,要想成功,你必须做研究,所以有一种获得成功的动力促使我做研究。但我认为这只是我的一个特点,当我看到需要做的事情时,无论是专业上的还是其他方面的,我都倾向于马上去做。我不会说,"也许我明天再做"或"我可以等到第二天"。我觉得这可能对我的职业生涯有很大的帮助,因为人们很容易把事情放在一边,转而做其他的事情。你很容易把所有的精力都花在教学上,而不付出任何额外的精力来维持你的研究项目。这一点可能对我很有帮助。

你觉得这些特点由何而来?

我觉得我有点害怕成为生活中的失败者。我出生于一个贫穷的家庭,一个没有受过教育的家庭。我总是觉得自己与这个社会格格不入,所以我害怕失败。回顾每一个阶段,我觉得我不会成功:我不会成功拿到博士学位;我不可能成功完成这项研究。我想这就是我努力工作的原因。

在你的职业生涯中,你有没有感受到这种恐惧?

我想是的。我不确定我在各个阶段的意识有多清楚,但每当我反思时,我都感觉到我有这种恐惧……在我的家庭里,没有人期望我在任何方面都能成功,或者我能成功。我通常与社会地位或经济地位较高的人交往,我总是觉得——也许用词太强烈了——我不属于这里。

有着这样的出身和与失败相关的信念,你是如何走到今天的呢?

我想在前进和放弃之间总是有冲突的。有时我总是和自己斗争,一半的我说"放弃",另一半说"前进"。我想是能够坚持下去直到机会出现促成了我的成功,我总是能在我职业生涯的几个阶段继续前进。我总是不得不与对失败的恐惧和格格不入的感觉作斗争,这种情况一直持续到今天。这让我很受伤,但在生活上我已尽力而为,我觉得自己做得相当不错。[18]

和精英一样,这类社群主义者似乎也受到不安全感的驱使,他们用出色的表现来弥补这种不安全感。

多元主义者

多元主义者表现出的心理焦虑,融合了精英与社群主义者的特征。一方面,一些多元主义者与大多数社群主义者相似。他们自在,自洽;或者他们担心的是个人问题而不是职业问题。另一方面,一些多元主义者与精英相似。他们怀疑进步、表现和能力。

注意在下面的描述中,科学家们是如何表现出职业上的从容的。它们传达出一种无压力、舒适和快乐的感觉。关于如何看待自己与工作之间的关系,这些科学家几乎没有什么焦虑、混乱或怀疑的感觉。两位科学家都是资深的正教授。

你对自己有哪些怀疑?

不是很多。多年来我的大部分怀疑都出现在职业生涯的早期,那时我并不是很确定自己是否足够聪明能够从事研究事业,而我现在已经拥有自己的研究事业了。在其他领域,我并没有真正的怀疑。[19]

你对自己有哪些怀疑?

我看到了自己的失败。它们并不是我抑郁的根源,但有时确实会让我觉得比别人更沮丧。但总的来说我是一个快乐的人。

你看到了哪些失败？

作为一个物理学家，我在工作中没那么勤奋；在家庭责任方面，可能不愿意承担额外的工作。所有这些涉及责任。与年轻时相比，我对现在的自己肯定更满意了：第一，我把这些事情做得更好了，我更有责任感了；第二，如果我做不到这些，我也不会那么困扰了。随着年龄增长，这些似乎都不那么重要。我不想再回到过去了。现在这样我很满意。[20]

与这些科学家相比，其他多元主义者表现出了精英式的怀疑和焦虑。有一种来自绩效和保持绩效的压力感，再次强调了不断攀升阶梯的想法。

你一直心存疑虑，你必须成为一名专业的物理学家。你必须产出。这就像成为一名艺术家一样。如果你不产出东西，你就得不到任何资助，你的价值就会下跌。你会经历失败的糟糕时期；事情变得糟糕；这是你的错。你做了一个错误的决定。比如，你的仪器设计很糟糕。[21]

我认为这个领域的每个人都生活在一种恐惧之中，就是觉得自己有一天不再有新的想法。大多数科学家必须克服对尝试新事物的恐惧。你必须承担风险。我担心我会变得骄傲自满。我不希望出现这种情况。我希望能够在资深学者和相对成熟的年轻科学家之间保持和谐的平衡，但我不希望这是以我一直为百科全书或专业期刊撰写评论性文章为代价。

你是否觉得自己必须努力克服个人的弱点或不安全感？

是的，对我来说，让自己继续工作一直是一种挣扎。这一直是一场天人交战。你必须有上进心。你必须找到一份让你愿意一天工作 15 个小时，一周工作 6 天甚至更长时间的工作，但报酬很少，成功的机会也很小，这有时很难做到。我想我在这方面已经成功了，但这不是一件容易的事。[22]

下面引用的科学家讨论了他的自我怀疑和最凸显自我怀疑的竞争环境。值得注意的是，这位物理学家能够看清自己的怀疑，并清楚地表达出来。他似乎在人生的几个阶段都表现出了自我怀疑。他将自己的怀疑归结于家庭的影响，他是一位崭露头角的物理学家，同时又是一位在顶尖研究型大学工作的杰出社会科学家的儿子。

你对自己有什么怀疑？

能力。科学能力。我有很多怀疑。这是我性格的一部分。这一直是我性格的一部分。

你觉得这由何而来？

我认为很大一部分原因是我与父亲有很多相同的特点。它来自我成长的环境。

你父亲是如何表现这些特点的？

他怀疑自己工作的价值。他也是个学者。即使周围的很多人都给了他强烈的肯定,他仍然感觉自己不够努力,没有取得足够的成就……我们家在学业上一向成绩优异。我父母都有博士学位,我的两个姐姐成绩一直都很好,都是 A。这是意料之中的。我是最小的,当我确实在学业上做得很好——班上最好的,或者其他什么——我感觉父母的态度是"这很好",而我的反应是"这还不够好""如果我只是班上最好的,那我在全州也应该是最好的"。在职业生涯中,我有过几次抑郁,尤其是在一些重要的转折点,比如从研究生到博士后,然后完成博士后工作,找到了一份固定的工作。这两段时期我都经历了一些重大的插曲,我对自己在物理学中的角色和我将要完成的事情感到非常沮丧。

你能详细说明抑郁的原因吗?

不确定性。自我怀疑。我认为我所拥有的优秀品质就是坚持不懈。我没有放弃。我倾向于低估自己的表现,别人对我表现的评价比我自己认为的要高。我对自己的看法比别人对我的看法低……我想大家都会担心如果自己做得不好,不再是班里的第一名时,会发生什么。这对我来说也是一个未曾踏足的领域,所以想到这种情况我会非常紧张。当你的职业地位越来越高时,保持在顶尖地位就会越来越难。我最希望自己做到的一件与众不同的事情,就是要有安全感,这样即使不在顶峰,也不会觉得自己是个失败者。有很多非常优秀的人不是第一名。这所大学让我感觉很舒服。我不认为自己是最优秀的,但我也不是最差的,这没关系。总的来说,我在这里做得很好。[23]

评估总体满意度

根据自我怀疑在精英、多元主义者和社群主义者世界中出现的不同方式，我们可以确定每个群体总体满意度的特征。就巅峰体验而言，精英们更能感受到"高潮"。晋升和智力挑战的机会更多。但与此同时，精英文化也坚持在过去的成功基础上继续发展。因此，虽然进步的机会很多，但对进步的怀疑也很多，这使个人永远处于一种不会感到完全满足的状态。

只有两种方式可以让个人免于对产出的期望。一种是退休，但即使退休了，对维持产出的预期也可能会持续。期望的负担可能来自其他人（同事或亲戚），也可能来自自己内化的职业道德。精英们自己也说，他们对退休的设想与目前的生活方式相差无几。他们很难放手。免除预期的第二种方式是不称职（但即便如此，他们可能已经退休或即将退休）。精英们通常会为老年人不遵守所有人都应该遵守的工作标准开脱，这是一种罕见的软心肠表现。

总体满意度最高的似乎是那些对工作尽心尽力、最受认可的精英们。但这一定只是一个有限定条件的结论，因为每一次成功都是对下一步要做的事情的提醒。诺贝尔奖得主、天体物理学家钱德拉塞卡（S. Chandrasekhar）的传记就深刻地描述了这种感觉——人生，即使是不朽的人生，也是不完整的，并伴随着对自己成就的失望。钱德拉塞卡被视为 20 世纪最伟大的科学家之一, 他于 1995 年去世, 享年 84 岁。

　　我试图做到超脱——不再带学生写课题申请书等等。让别人操心和管事儿。但因为有希望, 我仍然会有一种失望的感觉。由于追求目标而产生的满足感和平和的人生观仍未实现……我真的没有什么成就感。我所做的一切似乎并不够多……当今的科学很大程度上与急于求成和渴望登顶联系在一起。但我想我的不快乐或不满不是因为这个。从某种意义上说, 也许是因为我生活的扭曲, 因为它的片面性, 因为随之而来的孤独, 因为我无法逃离这一切。即使在我人生的这个阶段, 当我提交论文发表时, 我仍然会不断担心它是否会被接受。我问自己, 为什么要这样? 为什么我要这样? 为什么我不能用我的余生来读莎士比亚? ……我年轻的时候觉得, 当一个人到了 40 多岁或 50 多岁, 而且还算成功的时候, 他会有一种个人安全感和保障感, 外加一些满足感。我当然没有这些感觉。(Walli, 1991, 305 - 306)

　　与精英相反, 社群主义者容易经历最"低潮"。然而, 这在很大程度上取决于当机会达不到预期时个人的适应程度和速度。在第二章中, 我讨论了科学家们对其工作机构的看法。社群主义者似乎最不快乐; 他们抱怨政治和"制度化的平庸"。此外, 第二章探讨了社群主义者"冷却"的方式, 这些方式给他们中的许多人留下了消极和愤世嫉俗的残余情绪。看起来最幸福的社群主义者是那些从职业生涯一开始就从事教学工作的人，或是因为重新调整自己的雄心而在职业生涯中期开始从事教学的人。

要理解总体满意度，就必须考虑工作与生活的其他方面是如何相互影响的。研究婚姻破裂是进一步了解总体满意度的一种方法。尽管这一事实从未得到实证层面的记录，但人们通常认为学者的个人生活非常麻烦。他们的个人问题在多大程度上与其他高级专业人员相似也不得而知。但有一个假设是，鉴于专业人士为达到受人尊敬的成功水平所需的时间投入、竞争性和独立性，他们之间有很大的相似之处。

离婚率在衡量满意度上是一个不完美的标准，因为对一些人来说，它可能跟工作没有关系。此外，尽管在某些情况下可能是真的，但离婚不应仅仅被看作是由一个原因引发的事件。离婚要复杂得多，其往往是许多因素随着时间推移产生累积效应的结果。此外，离婚并不是了解人们总体幸福的唯一标准，但它是一个关键因素，认为离婚与工作没有关系同样是鲁莽的。

表5-1列出了科学家中正在离婚或已经离婚的比例。离婚在精英中最常见。一种解释是，因为精英在工作上是最富有竞争性的。正如本章和前面章节引用的材料所说明的那样，工作是精英们的生活核心。如果工作失败，生活的其他领域也可能出现问题，因为工作是平衡机制。此外，如果职业发展平庸的同时，仅仅通过令人艳羡的幸福家庭生活来维持精英阶层的合法性是很困难的。

表5-1 正在或已经离婚的科学家的百分比

精英	17.4%
多元主义者	5.5%
社群主义者	15.8%

注:科学家们提供了他们目前的婚姻状况。只要访谈中明确提到,就从中提取婚姻史。这些百分比可能低估了离婚率,但即使有偏差,也只是很小的幅度。数据并未具体说明一个科学家离过多少次婚。

与精英相关的投入和竞争力也可能使他们成为难以相处的人。他们的投入程度需要高度的独立性。他们为之奋斗的利益需要专一的精神。他们的竞争力可能既是一种防御对手或个人不安全感的机制,也是获得成功的条件,而获得成功的可能性变得越来越小。正如威廉·古德所观察到的,即使奖励丰厚,高于平均水平的绩效也会随着每一步上升而变得越来越难提高(Goode,1978,67)。同样重要的是,精英们享受他们的工作。因此,为了追求变得更加困难、要求更高和更吸引人的成功,一些人会犯错,忽视生活的其他方面。

钱德拉塞卡的描述传达了科学生活对他人的伤害。雄心壮志可能有其崇高的目的,但显然也有其代价。这些代价有时可能会让人怀疑这种追求是否完全合理,就像他们对钱德拉塞卡所做的那样。

我想不明白,以牺牲个人生活的其他方面为代价而一心一意追求科学是否合理,这种代价与其说是自己的,不如说是那些与你相关的人的。最痛苦的人当然是妻子。把那种

生活强加给另一个人是合理的吗？我觉得我不需要在科学
上做太多。事实上,我现在的感觉恰恰相反。我的意思是,
我已经在科学领域工作了 50 多年,除非发生意外或其他事
情,我不认为我能完成更多的事情,或者能在科学上做出任
何改变我以往记录的贡献。所以如果我继续从事科学研究,
很大程度上是为了我个人的乐趣,也因为我不知道还能做什
么……我已经习惯了某种生活方式,很难改变……这样可以
继续我的生活。(充实的)生活不一定要追求明确目标,一定
还有其他事情。(Walli,1991,306 - 307)

　　离婚率第二高的是社群主义者。值得注意的是,他们的
离婚率仅略低于精英(15.8%与 17.4%)。对社群主义者离
婚状况的解释还具有不确定性。也许,那些接近精英职业生
涯的社群主义者会发展出与雄心相关的一些个人特征:独
立、竞争、奉献、强迫性和固执。也许,一些社群主义科学家
会因为最初的期望(以及他们曾经与配偶分享的任何浪漫愿
景)根本没有实现而感到沮丧。而通过离婚,他们可以埋葬
过去的梦想,以及未实现的梦想给那些曾经给予梦想祝福的
人带来的挫败感。[24]
　　还未讨论的多元主义者越来越多地代表着中间立场。
多元主义者所处的世界允许他们分散所投注的精力。科学
家可以近似精英,甚至可以成为多元主义世界的精英,但这
不是强制性的。同样的,多元主义者也可以像社群主义者一
样投向教学工作,在职业生涯中期便趋于保持研究的平稳,
而不会遭受耻辱。职业活动和精力投入可能在一定程度上,

有时是在很高程度上被接受,但不一定以牺牲家庭和休闲为代价。生活不仅仅取决于一件事。

少数离婚的多元主义者(5.5%)明显倾向于精英群体。因此,科学家间的离婚模式打破了这些职业世界的界限并不是偶然的。过去和现在的失望最容易威胁到社群主义者。雄心则最有可能妨碍精英群体的生活。下面这位离过婚的多元主义者,现年 35 岁左右,进一步揭示了这些过程:

> 我离婚了,基本上是因为我太争强好胜了。我迷失了方向。我把个人生活放在次要位置。我直接把这归因于我处在这个工作领域的代价。我想很多在竞争激烈的科学领域中工作的人都经历过同样的事情。我所做的事情很重要,所以我去了世界各地。我没钱带着我的妻子一起去,她就这样被抛在后面是让人很难接受的。跟我这样的人结婚是很艰难的。我确实为此付出了代价。我想因为有过这样的经历,我考虑问题更加全面了。五年前,我会觉得我在科学上还不够成熟,性格也很冲动,但我现在变得更温柔了。这让我更平易近人,让其他人更容易与我相处。[25]

女性科学家

为了加深我们对生命历程的理解,特别是在职业领域中理解它如何被赋予意义,我采用时间和地点作为分析的社会维度。时间和地点决定了个人和群体的社会地位(参见

Wlder，Modell and Parke，1993)，让我们能够从广义上考察职业是如何形成的，以及人们在其生命历程中如何认同职业。由此我们可以更准确地了解生活是如何多样化的，而不是一成不变的(参看 Levinson，1978，1996)。

对变化的关注将我们引向了性别。性别是大多数职业研究的中心主题：它可能揭示男性和女性之间有趣而重要的相似或差异。然而，本书对性别的分析必须加以严格的限定。在样本的 60 多名科学家中，只有 4 名是女性——这一数字比美国所有学术女性物理学家的抽样略高(见第一章)。物理学，乃至整个自然科学界，主要是由男性从事的。但这种情况目前在所有领域都逐渐改变，各领域变化的速度不同(Sonnert and Holton，1995)。[26]因此，要想研究更多的女性物理学家，需要有更多的女性加入这一行业。

鉴于这些限制，应以审慎的态度阅读下面的讨论。讨论并不是为了给出一个最终的、确定的说明，而是提供一些关于女性科学职业的建议性见解，包括女性科学职业可能与男性存在的相似或不同之处。[27]

时空中的女性

为了了解四位女科学家，我们需要先了解一些基本的背景信息。表 5-2 列出了四位女科学家所处的时间队列和工作的世界。一个四人的子样本无法填满时间和空间维度(或者说地点维度)所产生的每一个"单元"，但这个特定的子样本涵盖了三个学术世界和三个群组。

表 5-2　按群组和学术世界划分的女性科学家

	组Ⅰ (1970 年以前获 取博士学位)	组Ⅱ (1970—1980 年 获取博士学位)	组Ⅲ (1980 年以后 获取博士学位)
精英	✓		✓
多元主义者		✓	
社群主义者			✓

与样本中的大多数男性科学家一样,这些女性科学家在我采访她们的大学中就任并留在了那里。[28]从这个意义上说,她们的流动模式与其他科学家没有区别。这些女性科学家在博士背景上呈现多样性,但大多数来自精英学校。

两位精英都是从精英学校获得博士学位的,这符合常情。其中年长的科学家在芝加哥大学获得博士学位,年轻的科学家在麻省理工学院获得博士学位;多元主义者在康奈尔大学获得博士学位,社群主义者在弗吉尼亚大学获得博士学位。虽然大多数女性都在精英学校的研究生院学习,但她们的就业情况与男性相似:那些从被认为在排名靠前院系获得学位的人通常会进入精英和多元主义世界(但也有越来越多的人进入社群主义世界,参见第三章和第四章的讨论);多元主义和社群主义机构的毕业生通常在其他多元主义或社群主义学校就业。

四位女性科学家都曾经做过博士后,这也符合常态。年长的精英在 20 世纪 50 年代获得博士学位后,选择了做博士后(获得美国国家科学基金会奖学金)。做博士后在当时并不像现在这样普遍。获得博士后职位在当时尤其反映了候选人的出色表现及其随后获得的竞争优势。四位女性科学家中的精英和多元主义者在精英大学做博士后。那位社群主义者则在一所附属于精英大学的核心研究实验室做博士后。

除了多元主义者，其他女性科学家都已婚。她们中没有人离过婚。只有精英有孩子：年长者有四个孩子；年轻者有两个孩子。两人都是在职业生涯的早期阶段生的孩子；在最小的孩子出生时，两人都还没有获得终身教职（在采访时，年轻的精英仍然没有获得终身职位）。这并不奇怪，因为两位女性在生孩子时分别是 34 岁和 35 岁，正处在传统意义上的最佳生育年龄。但是，生孩子即使不是一种压力，也会带来额外的责任，而这个阶段正是工作表现特别重要的时候。[29]

几位女性科学家的人生图景似乎相当简单和平淡。当然，生活中不可能没有复杂情况或决定性事件。表面上的"平淡无奇"更值得我们仔细观察。假设女性比男性在更大程度上承担了家庭劳动角色（Brines，1994；Gerson，1985；Hochschild and Machung，1989），这表明，成功的女性具有非凡的组织能力，以及在竞争压力下也不会减弱的干劲。[30]

承担多种不同角色的女性可能在时间安排上不够明智，她们为此付出职业成本（以及家庭成本），尤其是在科研竞争加剧的时期。例如，由于成为母亲的时间往往也是科学事业中关键的早期阶段，女性可能更倾向于退出科学界，或是更有可能选择最有利于多种角色并存的学术世界类型（例如社群主义和多元主义世界）。

前一种情况——女性退出科学世界——本文的样本由

受雇的物理学家构成,无法提供假设检验。[31] 后一种情况——女性自主选择更有利的机构——尽管样本证据有局限,但拒绝了这一假设。在样本中,有孩子的女性在精英世界工作,而精英世界对职业的要求可能是最高的。

女性与雄心

显而易见,我们面对的四位女性——包括两个有孩子的——在传统意义上都是成功的。这一证据似乎令人信服地印证了之前的说法:女性往往必须达到机构的高标准。一个相关的论点指出,为了在科学领域(以及其他工作领域)取得成功,女性需要比男性更有雄心,因为男性的角色投入更集中。然而,如果要求女性野心勃勃,那么对男性也是如此:激烈的竞争和制度化的认可驱动使雄心对每个人都至关重要(Merton, 1973c)。

这些女性的叙述揭示了她们如何看待自己及其职业,以及雄心如何影响了她们的生活。与所有的叙述一样,最好的理解来自细节。在这里更是如此。在讨论像性别这样复杂的话题时,特别是在分析如此少数的女性时,我们需要逐一研究这些女性的叙述。此外,性别和科学已经结合并发展成一个活跃的社会学研究领域(J. Cole, 1979; Cole and Zuckerman, 1984, 1987; Fox, 1995, 1996; Long and Fox, 1995; Reskin, 1978; Sonnert and Holton, 1995; Zuckerman, Cole and Bruer, 1991),但研究几乎总是针对少数女性,因而深入观察十分必要。通过这种方式,每一种叙述都将叙述者置于尽可能充分的语境中,从而使我们能够更好地对科学中的性别表现做出合理的判断。

　　尽管性别问题没有构成我访谈问题的正式部分——因为性别差异不是这项研究的主要动机，但它们在其他相关问题的背景下出现了。因此，每位女性都以对她最有意义的方式谈论自己作为一名女科学家的情况。我们将从这些方面来研究几位女性的叙述，以及她们如何暗示可能适用于其他类似女性的更普遍的模式。

　　我先从那位有四个孩子的年长精英说起。我采访她的时候她已经64岁了，她是一位有影响力的科学领袖。然而，过多地谈论她的成就（这些成就既丰富又伟大）会暴露她的身份。[32]在四位女性中，她在女性科学家的角色上最有发言权，因为她最有经验。

科学研究和为人父母之间的关系是如何展开的？

　　我的第一个孩子是在我做博士后的时候出生的。我觉得最重要的是有条不紊。从没有孩子到有一个孩子是最难的。而从有一个孩子到养育多个孩子则比较容易，因为事情已经进入正轨。我觉得自己做得更好了，调整变少了。当我的孩子还小的时候，我专注于工作和家庭。我不做其他任何事。就是这样。这有它的局限性。我几乎不去旅行。有四个孩子让我的职业与男性有点不同——这让我永不停歇。我在外面不太活跃。我只是专注于工作，以及照顾我的孩子。

你是怎么做到的？

　　我有一个好丈夫[33]——这是一大优势。我一直雇用同一个保姆。我搬到这里的时候找到了一个很好的人。我用高薪和良好的工作条件吸引她,她退休前一直都在我们家工作。她对这份工作很满意,薪水也不错。她的工资比她丈夫高。这是她送孩子上大学的一种方式,他们不可能拒绝这份工作。

她为你工作了多少年?

二十九年。

二十九年!

这很神奇。我让这份工作变得有吸引力。我的孩子们认为她是另一个母亲。

她和你住在一起吗?

没有,但是离得很近,在必要的时候,孩子们可以步行过去。这段距离不容易走,但还是可以步行的距离。当你有了孩子,又有一份需要保持干劲的工作,就必须做出一些妥协。我的孩子比一些孩子更独立地成长。他们都很有音乐天赋,所以他们经常去上音乐课。很多孩子的妈妈会和他们在一起,带他们来这里去那里,陪着他们练习,我没有做这些事情。孩子们自己去上课,自己练习。我们唯一有的就是"家庭音乐会"。星期五晚上,我们会一起演奏。这是我对他们的鼓励。他们很小的时候我会帮他们补课,因为万事开头难。但是他们的功课是自己做的,我从不监督他们做作业。我因此受到了老师的批评,说我是一个不称职的母亲。但我的孩子上的是最好的学校。其中两个孩子获得了博士学位——一个是物理学,一个是数学,成绩还不错——其他孩子做得也不错。我不能抱怨。我觉得没必要过多关注自己的孩子。

你知道这种方式是如何起作用的吗？ 或者为什么会成功？ 也许我应该这么说。

首先,孩子们都差不多大。我在不到五年的时间里生了四个孩子。所以他们有很多共同点。他们年龄相仿,可以一起做事。他们可以一起去营地,一起上游泳课。年长的孩子可能觉得有点无聊,年幼的孩子可能觉得有点挑战性。但是他们在那里度过了所有时光。他们做得很好。偶尔也需要妥协,但结果还不错。我女儿的做法不同,她为孩子们做了很多。但也许她的孩子确实有这种需求。毕竟每个孩子都是不同的。我不能说她是错的而我是对的。但是我这样做是因为我别无选择,而且这种方式或多或少都成功了。[34]

正如所设想的那样,科学研究与为人父母的关系中最突出的主题是组织。对于这位女性科学家来说,组织是在外界的帮助下产生作用的,即那位在超过四分之一个世纪的照顾过程中成为家庭一部分的保姆。从多方面来看,这是一种特殊的安排:在很长一段时间内,甚至在职业生涯的大部分时间内,很难依靠这种外界援助。因为它是昂贵的,因此这种安排只是一些人的"特权"。

另一方面,雄心是显而易见的。这位女性科学家对自己的工作有着强烈的认同感,并享受其中。她提到了妥协,尽管妥协的确切性质还不明确。家长角色(一个"不称职"的母亲)和工作角色("在外面不太活跃")有一种妥协感。但即使面对妥协,从叙述中可以看到事情变得有条不紊了。最后,事情处理得"还不错"，甚至与大多数人比较都很好。

并不只有女性会谈论妥协，男性也会提及。他们的叙述表明，对于工作和家庭来说，雄心是多么麻烦。

当我第一次来到这里，在最初的十年左右，我认为自己可以在个人生活方面做得更好……我的职业生活与个人生活并没有相互平衡。我觉得我的妻子不高兴，这影响了我们的关系。后来，当我回首往事，这是我一生中最后悔的事情。尽管后来我们的关系有所改善，变得好多了——现在非常好——我还是希望看到自己曾经做了什么或没有做什么，能够更好地平衡个人生活和职业生活。我现在仍然为过去发生的事情而感到遗憾。回顾过往，我总觉得我应该更好地平衡这些事情……在家的时候，我的工作总是盘旋在我的脑海里，在某种程度上，现在仍然是这样。这可能是被雄心驱使的一个方面。[35]

回到前面引用的女性科学家的叙述，我们知道存在着一个女性在科学界特别少见的时期。她在 20 世纪 50 年代获得博士学位，她对早期经历的描述在女性物理学家中是独一无二的。公然的歧视是也意料当中的。

当你开始读研究生的时候，你有没有想过你想要获得什么？

我没有。当我还是个研究生的时候，几乎所有人都告诉我，没有适合我的职业。可以说，我得到了比大多数女性更好的待遇，但我认为我的导师对我的职业生涯不抱任何希望，我也不指望我会有工作。

你是如何感知到这一点的？

事实上，我会忽略或避免与我的导师讨论，因为我不想听到这些。我（当时）是个好学生，获得了多项国家奖学金。每次我拿到奖学金，我的导师都很不高兴。如果我是男性，他会很开心。他对此有不同的看法——当真正使用这笔钱的人是一名女性时，这是资金和机会上的损失。

你还记得具体的对话或讨论吗？

记得，那段对话内容是非常非常消极的，这与我个人无关，我的导师也没有恶意。事实上，在我拿到学位的15年后，他完全被征服了，他成为女性从事科学事业的倡导者。这完全是一个反转。当这个阶段性转变发生时，我已经在这里当了几年的正教授了。

这对你对自己能做什么的想法有什么影响吗？

我曾以为我没有机会，我为我拥有的每一个机会感到高兴，因为我渴望工作和继续我的职业生涯。作为一名研究生，我做得很好。我很高兴我的论文写得很好，也因此得到了相当多的认可。之后我获得了国家科学基金会的博士后职位。

在研究生阶段和之后一段时期，当你得到的支持如此之少时，你是如何获得奖学金、奖项和认可的？

我得到的支持并不少；我不需要太多的支持。我得到了我所需要的一切支持。

来自你导师的支持？

我的工作不需要导师的支持（受访者语气尖锐地

说道）。[36]

其余三位女科学家的叙述与此不同。令人惊讶的是，她们很少提及针对自身或她们认识的其他科学界中的女性的歧视。歧视在上面的叙述中十分活跃，但在下文的叙述中，它扮演相对次要的角色。下面是年轻精英的叙述，她今年36岁，是这三位女性中唯一一位提及歧视问题的人。

作为物理学系为数不多的女性之一，你如何解释自己今天的处境？

我已经想了很久了。现在我从另一个视角来看待它。我和男学生女学生一起工作，这非常有趣。我认为人的成长方式是有差异的。攻击性因素就在其中。我认为这其中存在偏见。长期以来，女性与男性的地位并不相同。

你被鼓励申请物理研究生课程吗？

是的。

所以你得到了支持？

我得到了很多支持。这带来了巨大的变化。实际上也是如此：我的家庭帮忙照顾孩子。

你在这里教书的时候有孩子吗？

我的第一个孩子出生于我来这里之前的一年，第二个孩子出生于我来这里后的第9个月。

你能想到有哪些重要的时刻，事情可能会因为是女性而出现不同的结果？

这是个好问题。我必须说，我不知道这是否太天真了，但自从我（来到这所大学）以来，甚至在此之前，我很少觉得自己因为是女性而受到不同的对待。我其实有点惊讶。同事们似乎不怎么讨论这个话题。

在研究生阶段呢？从你现在的视角来看，你认为男性和女性研究生的社会化过程是否存在差异？

部分差异是已经设定好的。女性通常是在实验室工作经验较少的情况下进来的。我试着与之抗争，我试着鼓励女研究生做这些事情。是的，歧视仍然在继续。还有其他一些微妙或没那么微妙的事情。我读研究生时，楼里所有的男研究生都来我的办公室实地考察，看女研究生。这让人觉得有点奇怪。那是十年前的事了。也许现在已经改变了，但我敢打赌它还没有完全消失。[37]

尽管比较隐晦，但这位女性科学家还是提出了歧视的问题。她的评论与最近关于性别与科学的大规模研究所阐述的模式一致：歧视现在变得更加微妙，虽然远未完全消除，但已经开始大幅度减弱（Sonnert and Holton，1995）。[38]

和第一位女性物理学家一样，这位科学家强调了对照顾孩子的支持：大家庭在维持工作和家庭平衡方面发挥了作用。关于雄心，她只说了这么一句话："这很重要。但是有两个孩子和这样一份工作，保持干劲有时并不容易。"如前所述，有人设想，如果没有雄心或组织能力，女性在所有方面取得成功的可能性都要小得多。[39]

四位女性中的第三位社群主义者的描述，清楚地体现了雄心的作用。她现年39岁，已婚，但没有孩子。在采访中，她没有在任何地方明确提到她是一名女科学家。如果没有先前的背景知识，读者很难确定受访者的性别。下面的叙述是与性别相关的，它揭示了这位女性科学家如何像其他女性一样看待自己的职业。

你认为自己有雄心吗？

是的，我想我是有的。再说一次，如果我说我没有，那我就是在撒谎。

你觉得承认自己有雄心是件坏事吗？

我想有人会把野心勃勃理解为过度渴望了，也有可能是我太有雄心了。

你的雄心是什么？

不断地攀爬阶梯，然后爬到最高的阶梯上。

你认为这种雄心来自哪里？

我想我一直都是这样的，这是我的一部分。我从来都不满足，现在可以停下来了。我知道明年我将获得终身教职，然后我就可以继续享乐。但这对我来说还不够。保住工作不算什么，我需要做的只有继续往上爬。我父亲总是要求很高。我的兄弟姐妹都有很好的职业，他对此很满意。我是由父亲抚养长大的，他清楚地表明了自己的期望，并不断地提醒我们。所以可能我本来是想取悦他的。我清楚地记得自己很争强好胜，想成为班上的第一名。

你认为雄心在你的生活中扮演了什么角色？

我认为这是一个很大的决定因素。我很好胜，正是因为好胜心强，我才有了今天的成就。这并不容易。你必须去做。[40]

第四个也是最后一个女性科学家，一位多元主义者，以最间接的方式提到性别。她 45 岁，未婚，也没有生过孩子。

在生活中你是否有内心冲突或自我混乱？

我在思考研究上花了太多时间，这也许是忙于研究的好的一面，也可能是坏的一面。我没有家庭。但是有家庭的人，当他们设定优先事项时，我认为他们有更多的时间限制，这有时是很困难的。

没有家庭会让你感到担忧吗？

我担心我应该担心的事情……我担心那些可能是我应该担心的事情。我没什么感觉。我喜欢交朋友之类的事……我已经习惯了独处，到了什么地步呢，至少有一点隐私对我来说是非常重要的。

你有没有在某个时候意识到这就是你要过的生活？

不，我不这么认为。事情就这样发生了。如我所说，我很幸运，我有一份工作，可以养活自己；现在单身职业女性也可以工作，也可以做她想做的任何事情。[41]

这种说法很能说明问题。这位女性科学家不担心单身和没有孩子，如果非要说有什么的话，那就是她担心自己的无忧无虑。和之前发言的女性科学家一样，她展示了自己的雄心和投入：她很享受自己的工作。

男性、女性、事业和雄心

从历史上看,雄心一直是一个男性化的概念(比如有时候"抱负"等同于"雄心")。从"雄心"这个词的用法这一角度来看,它通常被用来指代职业,而不适用于家庭角色。例如一个雄心勃勃的律师、医生或运动员,而不是一个雄心勃勃的父亲或母亲、妻子或丈夫。相比之下,作为父亲、母亲、妻子或丈夫,理应充满爱心、支持与合作。由于女性自 20 世纪 60 年代才大量参与到职业劳动中来,从历史的角度来看,雄心更倾向于形容男性及其工作(参见 Hughes,1958)。[42]

在研究雄心如何在女性的职业生涯叙事中发挥作用时,我认为它和在男性叙事中一样,发挥着显著的作用。不同之处在于组织的必要性。这个结论令人满意吗? 问题仍然存在,即我们如何准确地理解性别和工作背景下的雄心。

对女性和男性的进一步比较能够更好地说明问题。具体来说,让我们比较一下工作角色的几个客观特征。在进行比较时,我再次提醒读者,在仅有的四个子样本的基础上,必须小心谨慎以免过度概括。如前所述,比较是启发性的,而不是决定性。

在前几章,我介绍了比较科学家工作表现的关键信息,包括他们的表现在不同群体和不同学术世界的差异。接下来我们应该将女性科学家的个人表现和特征与群体进行比较,以便将其置于更大的背景下来讨论。通过几个方面的比较,可以建立尽管不太稳固但相对坚实的基础,在此基础上本文的研究问题得以产生更大的影响力。

我们首先考察这些女性在刚开始从事科学工作时的职业特点。在表5-3中,我将女性在第一次从事全职学术工作时的科研产出与其相对应的群组标准进行了对比。该表呈现了清晰且一致的模式,即所有初入学院的女性有着异乎寻常的高生产力,在研究生阶段和博士后阶段发表了大量论文。当她们走上第一个学术岗位时,其学术水平就已经超过了同龄人的平均水平。那位社群主义者也同样如此。尽管表中显示这位社群主义者在第一次从事全职学术工作时发表了10篇论文,而她同期的平均水平是12.5篇,但本文对群组平均数的计算并没有剔除一些影响因素:群组平均数的统计涵盖了精英、多元主义者和社群主义者。如果我们只将这位女性科学家与其他的社群主义同龄人相比,她的表现无疑会超过平均水平。

表5-3　女性科学家与同期群体开展学术工作时的生产力比较

女性	论文数量[a]	群组平均数
年长精英	18	5.2(群组一)
年轻精英	14	12.5(群组三)
多元主义者	12	7.2(群组二)
社群主义者	10	12.5(群组三)

注:整个样本的相关信息参见 P177。如前所述,"开展学术工作"的时间指的是科学家最初成为助理教授或客座助理教授的时间点。
a 出于严谨,应当在一定背景下解读女性科学家的论文数量。群组平均数反映了不同年份进入科学领域的个人的生产力。也就是说,在每一个群组中,个人在同样的几年时间跨度里获得了博士学位,而产生了不同水平的生产力。

年长的精英与同期的差异最为显著。当她初入学术职

场时,已经发表了 18 篇论文,而她的同龄人平均水平是 5.2
篇。值得注意的是,她在世界对女性的偏见仍然强烈的时候
就进入了科学领域;事实上,当时很少有女性冒险进入科学
领域(Rossiter,1995;Zuckermon and Cole,1975)。根据她
自己的叙述,我们可以用非比寻常的制度支持来解释她的优
异表现,至少与当时的其他女性相比是这样。此外,她还野
心勃勃。最后,她在博士后和正式学术职位之间的 7 年时间
里一直担任研究职位,这也是她相对高产的原因。

其他三位女性科学家的高产也与做博士后相关。但是,
对于男性科学家而言同样如此,他们中的大多数也拥有博士
后职位(特别是在群组二和群组三,见表 5-4)。因此,尽管
我们只调查了四位女性科学家,但充分证据表明,这些女性
进入学术界时在论文发表上都有很出色的表现。

表5-4 女性科学家与同期群组之间总生产力和质量的比较

女性	论文总数	群组/世界平均数[a]	在核心期刊上的比例(%)
年长精英	272	109.3	60.7
年轻精英	24	29.3	95.8
多元主义者	44	73.3	100.0
社群主义者	26	21.7	65.4

a 平均数是同期群和同一学术世界的平均数。因此,年长的精英对应群组Ⅰ,精
英世界;年轻精英对应群组Ⅲ,精英世界;多元主义者对应群组Ⅱ,多元主义世
界;社群主义者则对应群组Ⅲ,社群主义世界。整个样本的相关信息参见表1-2。

同样地,我们可以将女性科学家其他工作表现衡量指标
与同期群组进行比较。表 5-4 比较了这些女性迄今所发表

的论文总数与同期群组和学术世界的平均发表数（这是一个数量上的比较），同时展示了这些女性的论文发表在物理学核心期刊上的比例。

年长的精英不仅在她职业生涯早期产出很高，在整个过程也一直保持高效生产，迄今总共发表了272篇论文，而与她同期群的其他精英的平均水平是109.3篇。这位女性科学家的论文总数不仅大大超出平均水平，而且也是本书整个样本中发表论文数量的上限（见表2-1）。她是其中最高产的科学家。考虑到女性在科学中的历史地位，在一项关于科学家的研究中，女性是最高产的，这一结果极具讽刺意味。同样重要的是，她的大部分论文都发表在核心期刊上（60.7%）。

类似的模式在社群主义者身上也很明显。她比同龄段的其他社群主义者更高产（总共发表了26篇论文，而平均水平为21.7篇）。此外，她的大部分论文也发表在核心期刊上，占65.4%。

年轻的精英和多元主义者表现出不同的模式。她们的产出都低于其同期群组或同一学术世界的平均产出水平。年轻的精英总共发表了24篇论文，而她这个年龄段的精英平均发表了29.3篇论文。同样的，这位多元主义者共发表44篇论文，而她这个年龄段的多元主义者的平均水平则为73.3篇，差异巨大。值得注意的是这两位女性科学家的发表质量。尽管她们的产出低于平均水平，但她们的绝大多数成果都发表到了最好的期刊上。年轻的精英在核心期刊上发表了她95.8%的论文，多元主义者在核心期刊上的论文发表占比则是100%。

这种模式——在数量上低于或接近平均水平,但在质量上高于平均水平——与用"科学风格"解释男性和女性生产率差异的最新研究是一致的(Sonnert and Holton,1995)。有证据表明,由于女性处在科学研究领域的边缘地位,她们在工作中更倾向于谨慎和完美主义。由于数量较少,女性缺乏主要的支持和权威系统,因而她们更努力地维护科学的传统标准,比如细致。为了被视为科学社会中正式且合法的成员,女性更有可能遵守超高的标准。犯"错误",或者仅仅是没有作出重要贡献,对女性来说要比男性付出更高的代价。而完美主义的代价则可能是要牺牲她们的生产力。

重新审视雄心

从角色表现来看,我们发现女性科学家总的来说非常成功,甚至在她们职业生涯的早期阶段也是如此。她们的叙述突出了雄心。这些女性也经常提到,无论科学内外,"有条不紊"对她们的行为表现都非常有必要,有时也需要寻求妥协方案。

研究结果表明,女性被要求达到更高的标准。可能只有最优秀的女性才能进入教授行列。其他研究报告部分支持这些说法。通过对所有科学家的调查,研究人员一致发现,女性非自愿失业的比例高于男性(National Science Foundation,1990;Vetter,1987)。

最有趣的结论之一是这些女性在很大程度上与男性相似,无论是在表现上还是在讲述自己职业生涯的方式上。在这里,我们得出了一个更具象的结论:在实际表现和叙述上,女性科学家之间的变化幅度很小，比男性科学家的变化幅度要小。如果不从机构或制度意义上定义精英，这些女性科学家都是精英。[43]她们在工作表现上是精英，在叙述上也带有精英色彩。因此，在说这些女性与男性相似的时候，我们可以更明确地断言，她们像男性中的一个子群体：精英。这反过来又让我们得出了关于雄心的结论。这些女性很可能比大多数男人更有雄心，但她们不一定比最有雄心的男性更有雄心。这些女性与最有雄心的男性最为相像。

这一章的大部分内容都是关于"颠覆"雄心的——人们如何被自我怀疑而不是梦想所驱动。通过这些女性的自我怀疑，我们再一次看到了她们的"精英"迹象。困扰她们的同样是困扰精英的最典型的担忧：对时间、进步和地位的担忧。对于有孩子的女性科学家来说，这些担忧与有效履行工作和父母角色的焦虑同时出现或紧随其后。

每位女性都回答了"你对自己有什么怀疑吗？"这个问题。年长的精英这样回答：

我发现自己很难拒绝别人，所以我总是被要求做太多讲座，处理太多琐事。我在我所谓的时间分配基础上做了很多这样的事情。我有一些自己想做的事情，比如我的研究，也有一些我被要求做的事情，比如演讲。这就是我在过去15年左右的时间里维持的常态，那时我的日程安排几乎已经失控了……我本可以拒绝，说我只会做三分之一的事情，并把它们做好。我也不确定这是不是正确的答案。我不知道正确的答案是什么。我还没想明白呢。[44]

她补充道：

如果让我回答这个问题，当我的孩子很小的时候，我会扪心自问，"我应该（继续）工作吗？"除了我丈夫，我从其他人，如我的家人、学校的老师乃至邻居那里得到的意见都是："你为什么要工作？"但我仍然继续工作。我认为自己做得很好。当你变成这样，你会将其他一切意见拒之门外。孩子总是会有这样或那样的状况，我会尝试去阅读儿童护理书籍，查找可能发生了什么事情。我只会读那些与疾病相关的十分具体的内容，因为一旦你读到一般性哲学层面的内容，会觉得自己像个有罪之人。50年代写就的关于养育孩子的书籍，通常让母亲待在家里带孩子，否则她就是大逆不道之人。我只读了斯波克博士[45]写的我需要的那几页。我的孩子比斯波克的孩子表现得更好。我觉得我的孩子比斯波克的孩子更喜欢他们的母亲。[46]

年轻的精英这样说：

"我经常在办公室而不是在家，这是否会让我的孩子成为心理变态的杀人犯或其他什么？"然而，随着时间的流逝，你会发现自己的孩子们都成长得很好，这对于其他处在相同处境的女性来说也是一样的。我儿子现在六岁了，他适应得很好。所以时间会进一步证明你所做的事情并没有那么糟糕。[47]

多元主义者说:

人们意识到自己所知甚少。我身边有许多学生或博士后,他们总是问各种问题,这迫使你承认你知道多少或不知道多少。你听过一些物理学家做演讲或者看到物理学家写的论文,有时你知道你不可能做同样的工作。在这个意义上,你会问:"我做了什么来提升自己的竞争力?"人们总是希望自己或多或少能贡献一些能够传续下去的东西。[48]

最后,那位社群主义者说:

我想做好很多事情,但是我没有足够的时间投入其中。我们为电脑购买了运行实验、控制实验的软件,需要花费时间静下心来学习使用这些软件。但是我没有时间来做这件事,我必须写计划书,必须赶论文的进度。我还有很多其他事情要做,没有足够的时间来处理类似这样的事情。我对这些软件一无所知,不知道该怎么运行它,但我想知道关于它的一切。我现在越来越清楚地意识到自己并不是什么都知道,这让人感到沮丧。[49]

无论对于女性科学家还是男性科学家,这些担忧都来自在科学上被认可的制度化动力。但是,受此驱动的往往是精英群体,以及那些类似精英的科学家。

结 论

本章研究了引导科学家思想、情感和行动的心声。我把重点放在自我怀疑上，以便了解对所处地位安全感的追求是如何转化为雄心的，并探讨哪一群体更有可能经历这一过程。本章也解释了为什么在一些群体中发现的补偿性成就模式比在其他群体中更多，答案在于科学家所工作的学术世界的文化。

心理焦虑有助于我们理解人们互动的社会世界。作为职业道德秩序的表现，心理焦虑以制度上的不同方式将世界区分开来。与工作相关的自我怀疑在精英群体中最为显著，他们怀疑进步、地位和身份。这种自我怀疑在多元主义者中同样明显但不太普遍，只有在那些非典型的多元主义者身上比较明显。从严格的客观角度来说，机构排名越靠前，越能发现焦虑的个体。最有雄心的人也是最怀疑自己的人，是最没有安全感的人，在他们自己心中也是最不健全、最脆弱的人。他们矛盾、紧张、急躁、焦虑。多元主义者，尤其是社群主义者在自我方面更加和谐，这也是他们在职业上经常感到更放松的原因。女性科学家无论从她们对自己职业生涯的叙述还是客观的职业表现情况来看，都与最有雄心的男性科学家最为相似。

一方面，自我怀疑驱使个人晋升到顶层。因此，自我怀疑者在精英世界中最为常见。即使在精英世界之外，自我怀疑者也会晋升到顶层，成为多元主义或社群主义世界的精英。另一方面，精英们因为对认可的竞争而诱发了自我怀疑。无论处在哪个职业阶段，精英们都通过竞争性的努力来证明自己的能力。科学家们把自我认同寄托于进步，因而进步成为一种必要条件和成就。

第六章

声音与视野

我在前面的章节中专门介绍了雄心在职业生涯中扮演的角色。我在引言中介绍了本书的理论基础,并在第一章解释了我的数据来源和研究方法。在第二章中,我描述了三个学术世界及其不同之处。随后的每一章都讨论了雄心如何在不同世界的人身上表现出来,以及雄心如何在生命历程中发生变化。换言之,我考察了人们在时间和地点上的流动以及雄心的相应变化。在分析过程中,我探讨了个人如何创造和重新创造自我认同,以及他们如何随着生活的变化认识和理解自己。

第三章讨论了科学家如何解释他们的过往。科学家们描述了他们从研究生院到早期职业生涯以及最终到接受访谈时的经历。这有助于我们观察科学家的雄心是如何发展的,同时也能看到雄心的表现形式和强度。

第四章介绍并分析了科学家们对未来的展望。我们进入他们的梦想世界,以了解他们的雄心,并进一步描绘这些雄心如何因时间和地点而异。

　　在第五章中,雄心发生了翻天覆地的变化。在第五章之前,我们通过积极的自我属性来看待雄心壮志,这些自我属性是那些极有雄心的科学家渴望取得成功和伟大必不可少的。在第五章中,我将这些观点与科学家对其地位脆弱性的描述联系起来。我这样做的一个前提假设是,在科学家们雄心勃勃的蓝图中,始终存在一种不安全感。自我怀疑常常扮演着恶魔般的角色,一方面助长雄心,另一方面威胁甚至有时扼杀雄心。

　　在本章中,我进一步将科学家的雄心置于其社会文化背景中。我将详细阐述雄心生长的社会和文化条件,特别是我所说的"伟大的雄心"。当然,学术界并不是激发人们雄心的第一站。要想成功通过职前仪式,除了能力之外,还需要有干劲。正如我们所看到的,大多数(如果不是全部)科学家都带着某种雄心进入学术界,尽管雄心的类型各不相同。更重要的一点是,时间和地点会影响人们的雄心,进而影响他们的生活。

　　从一开始,我的方法就是高度归纳性的。我在很大程度上依赖于个人的叙述来阐释他们所处工作世界的系统性差异。科学家个体给我提供了理解他们自身及其社会环境的入口。我试图论证,环境提供了行为线索,规定了行动方针,并概述了了解世界和人在其中位置的总体方式。人们的信仰和行为让我们了解支撑其世界的社会和文化条件。尽管我将在下文中引用科学家叙事的一些段落,但本章主要是在前几章基础上进行论证的产物。

　　我将把我的讨论分为四个部分。首先,我将讨论区分学术界的结构和文化特征。我们可以利用这些特征来更普遍地区分学术界的各个领域。其次，我将解释这些结构和文化差异如何产生不同的叙事，并介绍主叙事的概念。再次，我将根据我们如何将科学视为一种专门职业的一系列叙事，来讨论这些叙事的区别。最后，我将探讨社会文化差异如何以不同方式塑造雄心，其中雄心的一种形式——追求伟大——是学者职业生涯起跑的垫脚石。

科学的内部分化

从第二章开始，我讨论了典型的学术职业生涯。在第三、第四和第五章中，我分析了学术抱负如何在部分个体身上展现，以及如何在另外一些人那里遭遇挫败。我描述了三个学术世界——社群主义、多元主义和精英——以及他们如何彼此区分开来。然而与此同时，这些世界的边界有时会以某些方式相互交叉。

我认为，最好从结构和文化两个方面考虑学术世界不同的维度。这些结构和文化差异不仅代表了区分学术界的方法，而且还代表了区分构成整个学术体系的精英、多元主义者和社群主义者世界的方法。

在结构上，学术世界首先在人们可获得的机会的数量和范围上有所不同。不同的学术世界提供的实现抱负的机会是不同的，抱负因此而异。在人力、财政和基础设施的资源方面，学术界之间千差万别，获得成功的机会也因此迥乎不同,在数量和质量上都存在不均衡。

在文化上,学术世界首先在管理角色表现的期望上有所不同。人们对什么构成成就持有不同的信念。不同的学术世界对成就的定义有所不同。精英要求"伟大",相比之下,多元主义者和社群主义者倾向于用其他更务实的结果来衡量成就,伟大变成一个越来越遥不可及的梦想。

此外,不同的学术世界在表征职业的符号方面存在差异,这些符号被认为是标准的。精英们之间向彼此浇灌伟大的雄心,伟大通过万神殿得以展现——肖像挂在走廊墙上的英雄,来到会议室发表演讲的英雄,培养了伟大学者的英雄,而这些伟大学者反过来又培养了当下的精英。本质而言,这些英雄因其卓越的科研能力而受到崇拜。伟大成为标准,成为所有精英(或至少大多数精英)奋斗的基准。在非精英的学术世界,人们对伟大抱有一种遥远的好奇心。科学家们谈论的英雄不是同事或合作者——更不用说朋友了——而是人们普遍感兴趣的遥远的、近乎神化的人物。在对社群主义者的采访中,常有一些象征性失态之举:科学传奇人物的名字发音错误;忘记或者不知道其他的传奇人物,等等。这种"错误"凸显了精英与社群主义者之间的社会文化距离。这进一步印证了我对这两个群体的隐喻特征:精英和社群主义者生活在不同的世界。所有科学家都可能共享数学语言,但在关键方面,他们的行话反映了他们所处专业的不同世界。

不同学术世界之间的边界沿着机会、激励、期望和符号这四个维度中的每一个维度出现。因此,我们可以谈论机会、激励、期望和符号的不同世界。我们可以很轻松地谈到机会边界（无限或有限）、激励边界（许多或少数、狭义或广泛定义）、期望边界（高或低）和象征性边界（宏大或朴素）（参见Lamont，1992）。

　　然而，当我们谈到这样的世界或这样的边界时，我们还必须意识到，它们的属性是高度相互关联的。一种属性通常会产生另一种属性或从另一种属性中汲取养分。在充满机遇的学术世界中，我们也可能会发现一个强激励、高期望和象征符号强大的世界。在机会稀缺的学术世界中，人们动机微弱、期望低下，符合意义无足轻重。一个条件足以预测其他条件。从根本上说，这些结构和文化差异说明并描述了学术职业的内部差异。

引出主叙事的概念

　　本研究表明，结构和文化差异带来了对职业生涯的不同解释方式。精英、多元主义者和社群主义者使用不同的修辞来公开展示其人生历程。他们的叙事受到社会文化力量的影响。为了将这些区别概念化，从而获得更抽象和概括性的理解，我提出了主叙事（Master Narrative）的概念。主叙事是人们在时间流逝和地点变化的生命过程中，用以安排和陈述其生命历程的一种主导性交流模式（参见 Buchmann，1989；Gergen and Gergen，1984；White，1993）。[1]因此其作为一种主要的文化工具存在，用以理解和利用所有社会生活中的身份动态变化（参见 Bruner，1990；Ricoeur，1983 - 85；

White，1987)。

存在的叙事、生成的叙事以及介于两者之间的叙事

我们听到来自同一个社会世界的人们以相似的方式讲述他们的职业生涯。他们修辞中的规律性源于他们所处环境的规律性:机会、激励、期望和符号的规律性。人们顺其自然地发展其职业生涯,讲述存在或生成的故事。

精英们认为自己应努力进取,他们在其他人眼中亦如此。他们的自我认同是,通过竞争取得成就和认可。在他们看来,人的一生就是(原则上和通常在实践中)稳步地不断向上攀登。他们似乎拥有奥林匹克竞赛的美德:更快、更高、更强(citius，altius，fortius)。

社群主义者以强调稳定的方式描述自己。他们经常"陷入困境",主要是因为他们世界中的社会文化条件不利于向上流动。在职业生涯的早期阶段之后,很少有社会控制来调节或帮助激发巅峰表现。他们的主叙事强调了这种趋于平稳的状态。

多元主义者以两种方式描绘自己。一些人拥护精英主义者典型的"生成"的理念,而另一些人则认同了"存在"的原则,这在社群主义者中最为常见。还有一些人是这两种形式的混合体,他们的主叙事强调了这种调解。最典型的多元主义者在职业生涯的早期和中期努力奋斗,然后趋于平稳,他们不再倾听追求伟大的呼声,也不再做出回应。这在职业生涯的后期尤为明显,当精英继续向上攀登时,多元主义者已经减速了。

　　正如社会文化条件解释了不同学术世界个体对学术之旅差异的阐述，它们也解释了相似性。在本书的各章节中，我讨论了不同的学术世界的内部差异。我已经解释了脱离某一学术世界规范的人如何开始变得与另一个世界中的某些人相似。非常成功的多元主义者通常类似于某些精英；更温和的多元主义者通常类似于某些社群主义者。简而言之，三者之间存在重叠。

　　之所以存在重叠，是因为在一般层面上，学术界都朝着相似的目标发展。他们的成员通过共同的活动团结在一起，即他们都在大学工作。但是，尽管在一般层面上存在相似性，但我们已经看到个人如何接受这些目标并以不同的程度和强度参与这些活动。因此，普遍存在的结构和文化条件或多或少适用于任何特定世界；它们之间没有严格的边界。

　　因此，虽然主叙事对应于每个学术世界，但个体叙事有时会游离其外。人们以不同的方式体验其职业生涯，因此对于学术经历的叙事也不会千篇一律。学者们有时加速冲刺学术高峰，有时则热情消退，节奏各有不同。或早或晚，学者们会遇到一些转折点，也有些人则压根没有体验过转折。

　　这些差异是结构和文化重叠的结果。例如，多元主义者中的某些学者可能会遇到许多与精英相同的情况，因此他们的职业生涯和叙事听起来都像精英。与此同时，他们的一些多元主义同事未能接触到这些条件。这种失败可能源于过去的不佳表现，也可能源于人们处于职业生涯的高级阶段并接受了一系列不合时宜的期望。因此，他们的职业生涯和叙事与社群主义者相似。在精英和社群主义者中也存在相同的过程:有些人更接近其他世界的人。

因此,除了典型的主叙事形式之外,还有代表地方性主导主题的分支叙事。在与主叙事分道扬镳之前,它们一直跟随主叙事(主干),在此之后,分支叙事与相邻世界的叙事更加接近。

学术世界的异与同

学术世界内部彼此有异,因为其中的人不同。世界之间存在边界,但它们并非不可渗透。我们也不应期望学术界完全不同(也许两极除外),因为如上所述,在一般层面上它们是相似的:都是大学,仅凭这一事实,它们必然具有一些共同特征。也许我们面对的是苹果、橘子和梨,但它们都是水果,这些水果在许多基本方面都不同(颜色、大小、味道、质地),但它们也有共同点(都有种子)。就像我们看到一个家庭的成员时,也会合理假设他们具有一些共同点。[2]

"世界"这一隐喻用于描述专门职业领域的特征,它本身有助于解释我们如何看待我们学科的异同。正如许多人试图做的那样,我们以世界上的几个地方或几个国家为例,描述其中的生活。一个国家可以被描述为多元主义,另一个被描述为社群主义,而另一个则被描述为其他类别。这些是中心趋势,是描述适用于每个相应人群的广泛部分的行为模式和社会习俗的总体方式。但是,尽管我们可以使用此种类别来描述和解释在这些群体中蓬勃发展的社会生活的重要部分,但每个类别都各不相同。更重要的是,多样性的范围(或分布)本身可能因世界而异(精英比多元主义者更同质)。其中一些可能不符合所谓的当地主导模式；相反，它可能更接近其他世界的模式。

对内部多样性的描述并没有削弱核心特征——精英、多元主义者、社群主义者、农业主义者、工业主义者、后工业主义者，或者其他一些不同的东西。事实上，中心特征是观察和考虑各自内部条件的结果（因此美国社会被定义为多元化的，而日本社会被定义为相对同质）。[3]解释主导模式下的差异，而不是忽略相对于主导模式的偏离，这才是科学的解释。变化填补了全貌。正是这种对中心潮流与反潮流的关注指引了我的概念分析。

重叠的来源

先前的讨论已经提出了学术界之间重叠的来源。首先，学术界从根本上是相似的。我们不是在比较管弦乐队、汽车经销商和自助洗衣店。类似地，我们是在比较管弦乐队、汽车经销商或自助洗衣店各自系统内的类型——这些类型差异甚大。各种类型通过共同目标在系统内联系在一起，尽管这些目标可能会保持在一般水平，因为每个世界都在特定的利基市场中发挥作用。因此，我们有"研究型"大学、"综合型"大学和文理学院——它们都具有不同的使命并表现出截然不同的特征（参见 Carnegie Commission on Higher Education，1994）。但与此同时，这些学校在传播和扩展知识的共同基础上运作，形成了一个教育体系。

然而，重叠有更深的根源。正如我之前所说，学术界之间的重叠，就其发生的程度而言，是由两个主要因素造成的：

市场条件和博士出身。第一个在宏观层面发挥作用，第二个在微观层面发挥作用。第一个功能响应供求关系，第二个功能是社会化的必然结果。两者尽管在分析时截然不同，有时彼此独立运作，但这两个因素有时也会协同作用，我将在稍后解释。

第一个因素是市场条件。当市场力量将相似的人推向不同类型的地点时，会导致学术界之间的重叠。从历史上看，当工作岗位非常稀缺时，所有类型的机构都能够从大量以研究为导向的候选人中受益。这包括在第四章中相当详细地讨论的"组织升级"过程。[4]

在过去的几十年里，随着市场条件的收紧，多元主义和社群主义机构变得更加以研究为导向。这种趋势源于他们在竞争激烈的劳动力池中雇用主要候选人的能力。在过去市场环境更加不稳定的情况下，求职者，尤其是精英博士出身的求职者，对工作地点的选择有更大的自由裁量权。这一趋势还反映出人们意识到声望在教育系统中主要依赖于研究、开发和技术，它同时也表明，大学试图变得声誉卓著、闻名遐迩和更加富有。

尽管市场条件和机构升级的附带影响部分解释了重叠，但所有迹象都表明重叠具有交错的特征。也就是说，多元主义和社群主义机构并没有同步进行升级。当市场条件开始收紧时，多元化机构最先受益。与社群主义者相比，多元主义院校的工作条件更接近于精英院校；因此，当选择变得迫在眉睫时，那些拥有精英博士出身的人更有可能在多元主义院校中找到归宿。因此，拥有精英博士学位的人在多元主义机构中比在社群主义机构中更常见。

随着市场条件进一步收紧,社群主义机构开始吸引具有精英博士背景的人。因此,当人们观察偏离多元主义和社群主义规范的个人时,有明显的模式:"精英多元主义者"往往处于职业生涯的早期或中期;"精英社群主义者"通常很年轻,处于职业生涯的最初阶段。

必须在学校使命的背景下理解机构升级(Meyer,1970)。在某种程度上,特定使命可能会随着学校调整其活动而改变。但这是一个微妙的情况。任何寻求变革的机构都意识到,变革不能以减少入学人数为代价。自然而然地,入学人数减少或长期不稳定预示着机构的消亡。

因此,机构可能会升级,但它们的使命仍然忠于教学。多元主义和社群主义机构变得更加以研究为导向,更加积极地拥抱大学的研究模式,但这并不意味着它们与精英研究型大学相同。他们对教学的承诺仍然很坚定,因为他们通常必须依靠当地或地区的申请者才能生存。重叠已经发生,但在机构边界之内。由于这些原因,我们永远不会期望在整个教育系统中看到统一,学术界之间的任何重叠总是受到门槛的限制:从根本上说,学术界服务于不同的客户。

市场条件与产生重叠的第二个因素相互作用:博士出身。高度收缩的劳动力市场将具有精英博士背景的候选人分散到越来越多类型的机构中。然而,即使市场条件相对宽松,学术界之间的重叠仍然存在。这让我们进一步审视博士出身,有时它作为一种独立于市场条件的力量运作。正如哈里特·祖克曼(Harriet Zuckerman)所观察到的,科学角色、工作风格和绩效标准的概念形成于研究生教育期间;因此,学校背景可能有助于解释自我认同和工作取向的差异(Zuckerman,1977)。

作为他们研究生院经历的一部分,个人经过社会化形成特定的职业期望。例如,具有精英背景的科学家通常被教导要渴望成就一番伟业。精英主义机构将伟大确立为一种可能的职业生涯成就,最重要的是,所有严肃的新人都应该为之奋斗。这在多元主义和社群主义的世界中也是如此,但程度较轻,部分原因是期望不太可行:伟大不是规范,伟大也无法通过手边的资源或人员轻而易举地实现。

当拥有精英博士学位的科学家进入多元主义和社群主义机构时,可能会导致世界之间的重叠。一些科学家能够以接近精英职业的方式开展工作,并以类似的方式讲述自己的职业。他们在其直接工作环境中拥有少量志同道合的同事,使得他们能够抵御环境的不利影响。此外,他们还可以建立机构之外的合作,从而与精英建立联系。

然而,博士出身更为复杂。尽管拥有精英博士出身的多元主义者和社群主义者有时会拥抱精英般的职业生涯,但其他具有类似出身的人则不然。此外,少数没有精英博士出身的多元主义者和社群主义者拥抱精英世界,并讲述与精英类似的叙事。尽管博士出身在很大程度上解释了差异,但它们并不能解释全部。

通常与博士出身有关的其他因素也在产生重叠中发挥作用。这些因素可以分为四个相互关联的类别:导师特征、研究合作的范围、学术产出和个人经历。四个因素中的前三个最紧密地交织在一起。可以想象,最雄心勃勃的多元主义者和社群主义者一般在博士或博士后阶段受教于学术抱负极高的导师(Fox,1983;Reskin,1979)。因此,无论科学家的博士出身是精英、多元主义还是社群主义,个人成就期望都受到导师的地位和身份特征的影响。这可以解释为什么一些多元主义者和社群主义者表现出追求伟大的雄心,而其他人则没有。这也可以解释为什么一小部分没有精英博士出身的人仍然表现出精英般的品质。[5]

当导师的雄心远大于整个集体的雄心时——例如多元主义和社群主义环境中雄心勃勃的导师,师生关系的影响尤为重要。导师不仅能够向门徒灌输类似的品质,而且还可能利用关键的外部联系,促进学生形成精英身份和向上流动。

这就将我们引入了第二个范畴。导师可以促进合作,不仅是与导师本身的合作,还包括后续职业生涯阶段与其他人的合作(Reskin,1979)。实际上,导师可以帮助学生走上一条容易获得机会、精英期望、奖励和身份符号的轨道。因此,崭露头角的科学家开始在一个小世界中工作,这个小世界在许多方面都确定了精英身份,即使他们的工作场所是多元主义或社群主义的(参见 Crane,1965;Long and McGinnis,1981)。

反过来,合作促进了科研产出,这是产生重叠的第三个因素。科研产出本身创造了一个向上流动的基础,即使人们不在精英机构工作,他们也可以在这个基础上宣称精英的自我认同(Pelz and Andrews,1966)。因此,导师特征、合作和科研产出彼此密切相关。然而,应该注意的是,原则上,合作和科研产出也独立于"导师效应"(Fox,1983);有些人的导师没有在他们的职业生涯中发挥重要作用,但仍可以形成有效的合作网络并且拥有丰富的科研成果。

最后,个人经历也是不同学术世界交叠的重要原因。这在精英中尤为明显(尽管不限于他们)。精英世界被定义为职业阶段的每个方面都为卓越成就而设定的世界,事实上,所有精英都以自己的方式成为或曾经是卓越的成就者。然而,也有部分精英迅速地走下坡路,他们开始远离工作。这些人具有许多在社群主义者和一些多元主义者中更为常见的特征:退出研究并强调教学,重视师生关系的人际维度。在所有这些案例中,个人经历——离婚、死亡、健康不佳、家庭问题、社会心理发展问题,甚至年少成名以致于学术高峰过早到来[6]——都会引导人们走上不同的道路。人们没有接受正常的规范预期,而是重新设定了优先次序。在此过程中,他们经常发现自己正在探索人类领域的其他方面,通常是那些涉及重新认识人际关系和与他人交往的方面。

科学职业生涯的生态

生态、叙事与自我认同

正如本书试图证明的那样,叙事是理解人物时空活动的关键。叙事锚定了人们的社会位置,它使人们在生活的大光谱中获得意义。我认为,有一个叙事并且只有一个叙事是识别个人话语背景的最佳指南。通过叙事,我们了解人们赋予生活的意义,这些意义有一个语境基础,在本书中,这些语境基础指的是精英、多元主义者或社群主义者。

一方面,我们处理了个人叙事。但我们必须记住,叙事是共享的,是生态的一部分。基于普遍存在的结构和文化条件,它们将一个群体与另一个群体区分开来(参见Czamiawska,1997)。人们以模式化的方式"冷却下来",以反映这些社会情境模式的方式讲述自己的职业生涯。即使对于那些叙事偏离主要模式的人,我们也可以确定叙事者所讲述的世界,或者至少他们跨越的世界,因为叙事本身存在于承载社会情境的空间之中,而且是这一空间的产物。

与许多其他群体一样,这些群体由所谓的独特的"语言社区"(Mills,1940;Scott,Lyman,1968)组成。正如我们在世界中遇到不同的语言一样,在科学世界(以及其他职业世界)中,我们也听到人们以不同的系统性风格讲述其职业生涯。为此,叙事不仅可以作为一种声明和塑造身份的手段,而且可以作为一种资源:那些居住在不同语言社区的人以不同的方式扩展信息和智能,对生活产生重大影响(参见Bruner,1996)。

正如哈里特·祖克曼(Harriet Zuckerman,1977)发现的那样,当一个人与其他获奖者一起工作时,获得诺贝尔奖的机会呈指数级增长,这不仅是因为榜样的推动(尽管这是一个真实的因素),而且还因为他可以通过所共事的诺奖获得者的叙事,获得一些外人无法获得的信息。一位科学家早些时候观察到,当你和奥林匹克游泳运动员一起游泳时,你的行动和言谈方式就会和这位运动员类似。我们给自己和他人讲述故事——这些故事是生活的组成部分——成为分层的推动者。[7]因此,叙事是一种主要的文化工具,通过叙事,人们得以理解社会情境中的人们。

作为叙事的科学

学术职业内部秩序的更大意义在于本书的主要理论关注点:雄心。社会世界以不同的方式激发和塑造雄心。在本书披露的 60 个人生故事中,无论是以个人的方式还是集体的方式,科学家们都讨论了他们如何看待自己的职业生涯。在聆听他们的故事时,我们已经了解了他们的生活是什么样的,他们认为什么是有意义和重要的,以及他们如何理解其人生历程。我们看到了他们的相似之处,每个人的生活都有按部就班的部分;也看到了他们截然不同的生活,不同的人经历了不同的阶段和过渡,每个人的体验都有所不同,有些人则完全缺乏某些经历的体验。我们已经进入了他们的世界,了解了他们的抱负、过往和未来构想,对于这些,他们有对话和分歧,也能达成和解。

我们如何将雄心与科学的社会秩序联系起来?——通过叙事。个人使用叙事在一系列复杂的类型、转折点和轨迹中了解和定位自己和他人。作为一种有组织的职业,科学可以被视为一系列叙事,每个叙事都以个人已经遵循或试图遵循的脚本为特征。正如我所解释的,脚本可能采用三种主要形式之一:存在、生成或介于两者之间。

我应该成为谁

在某种程度上,人们可以强调个人作为"自由行动者"的角色,选择叙事的方式。人们可以以不同的方式展示自我,取决于他们在何种程度上希望了解自我,以及他们希望如何展现自我。在极端情况下,人们展现的自我与现实相差甚远,甚至完全不同。个人会自我美化,以打动、说服或控制他人,建立信誉或自我安慰。对于那些了解事实真相的人而言,自我美化的行为容易露出马脚,因为所展现的形象与事实不符或受到质疑。[8]

但叙事也受到人们工作的世界的限制。它们是由区分世界的社会文化条件塑造的。生成(精英)的叙事存在于充满机会的世界中:强激励、高期待与强大的符号力量。相比之下,存在(社群主义者)的叙事出现在机会相对较少、激励较弱、期望较低和符号温和的世界中。在社会文化条件本身就是上述极端组合的世界中,世界成员采取介于存在与生成之间的叙事,即多元主义的叙事。

因此,尽管个人在选择叙事时有选择权,但这些选择受到他或她所处环境的限制。环境对个人调用的叙事所施加的限制各不相同。例如,某些精英可能想在他们的职业生涯到达适当的终点之前(例如,在65岁时)做些别的事情。但这些人通常会意识到,突然转变轨道的成本很高。为了培养业余兴趣而退出研究会带来令人不安的后果,其中最重要的是失去别人的敬意。为了弹吉他而不再从事研究的精英物理学家走上了一条被同事诋毁的道路(并引发了一种叙事)。

个人可做的选择是在从限制到容许这一连续体的范围内设定的(参见 Parsons，1951)。如上所述，在符合所在世界标准的情况下，精英能够自由发挥的空间甚小。换言之，精英世界是高度禁止性的，关于哪些角色是合法和有价值的，其标准是明确且不灵活的。受人尊敬的科学家在整个职业生涯中都积极投入，尽管参与的具体形式在职业生涯的不同阶段有所差异。年轻的科学家扮演着崭露头角的研究者角色，而更资深的科学家除了研究者角色外，还可能扮演更多的管理者角色——比如该领域的国家发言人、行政人员、执行官、外交官或其他的角色。

从精英世界进入多元主义世界和社群主义世界，对角色的要求变得不那么苛刻，而变得更加宽容。不同种类的职业生涯变得越来越有可能。出于同样的原因，在叙事当中，观点、取向和抱负的异质性也更强。因此，社群主义者谈论远离科学的东西和娱乐活动，并经常根据创业、娱乐、家庭和闲暇兴趣采取行动，并且这样做的社会成本很低。事实上，无论是在商业、娱乐还是家庭方面的额外专业成就，其往往受到社群成员的尊重。大多数人都遵循古老的格言——"不要把工作看得太重"——社群主义者的世界建立在人们工作生活和非工作生活之上。

精英们更倾向于根据他们最新的学术著作来评判他人。一个人盖房子、成为石油大亨、成为全明星网球运动员，还是培养十二个有前途的孩子都是次要的或完全无关紧要的。因此，科学世界——精英、多元主义者和社群主义者——存在于道德竞技场的不同位置。

科学界的生活

如果我们将科学——实际上是任何职业——看作是一系列的叙事,那么雄心本身就是一个叙事。雄心可以理解为人们对叙事的内化。对于年轻的科学家来说,叙事可能由一个场景组成:冉冉升起的新星取得非凡成就,获得巨大的荣誉,试图在历史上占有一席之地。对于年长的科学家来说,叙事可能较少包含未来的场景,而更多是对部分由特定成就构成的生活的总结和保存。以成功为标志的生活,不管成就大小,都需要保护,以免集体记忆中的减损或失误。[9]年长的科学家可能会援引生成的叙事,但他们意识到几乎没有任何额外的地位提升的可能性。[10]尽管如此,生成(或已经生成)的修辞在自我保存过程中起着重要作用。因此,虽然叙事的形式在整个生命过程中或多或少保持不变——强调进展——但叙事的功能发生了变化,一开始是作为将要过的生活的形象的陈述,后来是对需要被保护的生活的陈述。

伟大独一无二,使其他追求黯然失色。伟大不仅影响那些不断追求它的人,而且影响所有在旅途中不可避免地被它的承诺所诱惑、被它的幻想所俘虏的人。伟大使所有人沉迷其中——在科学界和科学界之外——他们的巅峰表现使其接近伟大的目标,但同时又永远遥不可及,其成败实乃赌注。但更普遍地说,伟大塑造了所有人的职业生涯,因为正是怀着宏伟目标,个人才能在科学、建筑、音乐、医学、法律、政治和体育领域兢兢业业并有所成就。在人们光荣地寻求影响和推进文明的所有努力中，雄心都起着主导作用，因为如果没有雄心，崇高的目标便难以实现。

即便是那些拒绝召唤的人，也对伟大雄心所要求的那种生活有所了解。伟大是如此令人生畏、如此不可逾越，以至于个人很容易被淹没。当人们最后一次面对它难以捉摸的现实时，他们必须有意识地把雄心放在一边，着眼于更小的目标，强调当下的好处，或听天由命、承认失败。

然而，对于那些追随雄心的人而言，职业成为（或仍然是）锚点，是人们组织活动的主要力量。在科学家的叙事中，雄心的意义涵盖一切，这突显了雄心作为重要生命线的戏剧性的——也许是不堪重负的——形象。

有雄心就是要努力获得某些不容易获得的东西。那是我的雄心。当你少年得志，你会因为成功带来的兴奋而继续努力。你阅读伟人传记，并想效仿他们。工作是必不可少的要素，成为一名非常成功的科学家需要有这种压力。如果你在工作中感到不快乐和不成功，你就不会快乐和成功。[11]

物理是我生活的焦点。上床睡觉时，我思考物理，白天在这工作时我也思考物理。无数个晚上，我都在思考物理问题。我希望获得成功，因为意识到只有渴望成功才能取得杰出成就。如果你是为了赢而竞争，那就更有趣了。如果你不为赢而比赛，那么参加体育运动就会很无聊。而且，如果你打算从事科学研究，而你这样做并不是为了成功或发现新事物,那么你只能做二流的工作。[12]

　　我能充分意识到科学伟大图景的壮阔,以及我在其中的位置。在难得闲暇时,我经常花一点时间阅读20世纪物理学和数学的传记或历史,我对历史非常了解,但只是业余爱好者,没达到历史学家的水平。我真的很关心20世纪科学在塑造文明方面的历史、背景和作用,我认为自己是这幅历史图景的一小部分。我真的很关心整个图景,虽然我不奢望成为最好的或最著名的,但我有一个特定的目标,它接近"边缘问题解决者",我充其量也只能做到这个份上。我想要一个属于我的事件。在物理学中,新的概念总是物理学家的名字非常清晰地联系在一起的。我想要留下我的名字。我想让人们知道那是我的。[13]

　　正如这些叙事所表明的,雄心组织行动、努力和精力,以实现崇高的事业。但这些叙事也指向更广泛的主题,这些主题描绘了人们在时间和地点的复杂变迁中的生活。伟大的英雄梦想是推动个人启动和维持雄心的动力,但壮志未酬几乎是永恒的宿命。完成一件伟大的事情只是使人们意识到需要完成更伟大的事情。大多数人都不是诺贝尔奖获得者;大多数人也都不处于获奖者时期。

　　所有的教育机构以及许多职业都在提高对年轻人的期望。很多机构和职业乃有意为之,通过复杂的引导和社会化过程去培养年轻人的抱负。这些做法很多都取得了成功,因为人们无法不渴望一些东西。学校教育创造了一种英勇的个人成就的幻觉。人立志成大事——留下自己的印记，载入史册；在万神殿中占据一席之地。他们的激情被点燃，希望有一天能坐在众神旁边（或至少坐在后面不远的几排）：阿尔伯特·爱因斯坦、恩里科·费米斯、阿尔伯特·史怀哲、巴勃罗·毕加索、迈克尔·乔丹。万神殿，无论是物理学还是足球，都供奉着过去的伟大人物，在树立标准的同时为追随者传播英雄神话。正如一位社会历史学家所观察到的那样，"如果没有成就的梦想和为之加油的雄心，生活本身也可能已经结束"（Epstein，1980）。

英雄的功绩万古流传。万神殿屹立不倒，偶尔会迎来新的英雄。更广泛的文化继续重视梦想和使梦想得以实现的人生历程。

> 我会给你一座镜子屋，
> 使你拥有一千只眼睛；
> 野玫瑰的迷宫，
> 我知道你自寻出路。
> 未几，你已逐渐长大，
> 但莫听那老民谣；
> 且把天使放在你的肩上；
> 永远不要放弃你的梦想；
> 因为他们有一天可能会救你的命。[14]

但是，尽管我们的文化维持着浪漫的愿景，但对于我们大多数人来说，最终情况发生了翻天覆地的变化。声音的调门改变了,视野的焦点也发生了转移。不用说,人们痛苦地放弃他们的梦想。科学的奖励制度——任何艺术或科学的奖励制度——必须不仅被视为提供激励的制度,而且是在极低的胜率中保持个人英雄主义思想的制度。

将职业安排到永远无法完全实现的梦想中的现实表明,成就伟大可能并不比追求本身更值得尊敬。在伟大的职业生涯中可能找不到的东西——即使只是因为它们很稀有——也可以在伟大的诗歌中找到,这些诗歌往往为更普通的人发声。正如诗人叶芝所说,那些寻求改变世界的人最终必须"培养出比胜利更难的东西"、"保持秘密和狂喜",平静地接受失败,并从已经取得的成就中获得满足。[15]因此,很容易理解为什么科学家——精英、多元主义者和社群主义者——更多地以谦逊而非壮丽的词语来讲述他们的生活。很少有人能功成名就,即使赢得了名声,人们在有生之年也往往无法获得巨大的认可。职业生涯既将人团结起来,又将人区分开来。这是科学家们共同拥有的一条生命路线,他们在这条路上时而并肩前行,时而分道而驰。

注　释

导引

[1] 根据1993年的调查,美国拥有博士学位并就业的科学家有387 740人。其中51.0％受雇于学术界,26.1％受雇于工业界,11.0％受雇于联邦、州和地方政府。其余受雇于其他各类部门(美国国家科学基金会,1993)。

[2] 如前所述,我将主要关注工作环境(地点)和时间流逝带来的差异。为此,"分析单位"是学术系、大学和个人。我只会简略考虑同一领域内的差异,即不同类型物理学家之间的差异(只在相关时才考虑)。虽然同一领域内肯定存在一些有趣的区别,但身份构建的差异范围可能随环境和时间线的扩大与拉长,从而产生一个更大的社会故事(且更具普遍吸引力)。对于物理学家同领域差异的系统分析,可参阅已有资源:Krieger(1992)和Traweek(1988)。

[3] 我对这一点的讨论遵循Suttles(1995),在接下来的几页中我将大量依赖他的洞见。

[4] 可参阅任何一本物理学教科书或物理学家描述工作技术方面的传记作品。

[5] 现代社会对科学及科学家地位的关注,可以追溯到老一代社会理论家所称的"三阶段定律"。这一定律最初由圣西蒙

(1760—1825)阐述,后由奥古斯特·孔德(1798—1857)发展,后者被公认创造了"社会学"一词。"三阶段定律"包含一种历史进步理论和解释一切人类思想的框架。三个阶段——每个阶段对应一个历史时期及伴随的思维模式——包括神学阶段、形而上学阶段和实证阶段。

在神学阶段,我们以拟人化的方式思考,用类似于我们自身的特质来解释现象。社会由教士和君主统治,我们求助于他们以获得引导,而他们又援引恶魔和神灵来解释我们的世界。

在形而上学阶段,知识是猜测性的。它与一个社会批评、反抗和政治动荡的负面历史时期相关联。

在实证阶段——思想和存在的最成熟状态——只有当科学家决定仅从经验世界中观察到的状况之间的合法关系来思考时,生活才会迎来新的框架。正如孔德所信奉的,实证阶段开启了一个时代,科学知识而非猜测性知识,科学家而非教士,可用于和谐的方式组织社会,代表着通向系统改善人类境况的理性道路。关于孔德思想发展及由此衍生的理念的详细论述,请参见 Levine(1995)。

[6] 现在,各种机构已开始支持和培育传记产业,它们自身亦成为文化典范产生的参与者。仅斯隆基金会(Alfred P. Sloan Foundation)就监督发布了十多部作品,其他组织也有类似投入。例如,美国物理学会出版的"现代科学大师"系列。科学传记选集也有充足供应,每一篇文章都进一步戏剧化地展现了科学中的卓越生涯如何使理想的职业生涯神秘化。此类选集包括久负盛名的《美国科学家男女传记》(*American Men and Women of Science*),该书首次编纂于 1906 年,到 1998 年已是第十九版。

[7] "典范式专业阶段"当然是一种历史建构,因为在许多情况下——如梵高、莫扎特、牛顿——在当时很少有人认为他们的生活是非同寻常的。事实上,当时这些人可能被视为离经叛

道者,或者完全没有引起关注(见 DeNora,1995；Heinich,
1996)。

第一章　研究概述及背景

[1] 所有采访内容均由作者亲自转录成文字。这些采访录音总计
超过 70 小时,转录后的文本超过 1 200 页。

[2] 如果我选择院系的依据是其他五个标准中的任一项,或是所
有标准的综合,那么所选学校与目前研究中的学校几乎没有
区别。包括学术声誉在内的六个衡量学校质量的指标彼此高
度相关(参见 Jones,Lindzey 和 Coggeshall,1982,表 9.3,第
166 页)。优秀的院系往往拥有大量注册人数、毕业年限短且
就业状况良好、资源丰富的图书馆、充足的科研经费,以及研
究产出卓越的教师。相反,一般院系在这些方面则往往表现
较差。

[3] 排名最低的三所学校中,有两所在 1982 年美国国家研究理事
会(NRC)排名中未被正式评级。一所学校由于博士毕业生人
数(至少 10 人)在指定的两年期间内未达到预期人数故不足以
被列入评级。另一所学校因已停止物理学博士项目而未被评
级,尽管仍保留理学硕士项目。尽管未在 NRC 排名中列出,
但这两个系均收录在《美国物理学会的研究生项目指南》
(1993 年版)中。鉴于这些院系在项目规模和其他院系及学校
特征方面与排名最低的院系相似,它们的排名位置可能相仿。

[4] 大约十年后,对 1982 年 NRC 研究进行了后续研究。后续研究
结果发表于《美国研究型博士项目:延续与变革》一书
(Goldberger,Maher,Flattau,1995),并广受媒体关注。本书
中所选自 1982 年排名的系在后续排名中,名次变化不大,依旧
分别保持在上中下游水平。尽管各校在特定领域有所变化,
但整体定位仍保持在上中下游水平。不过,本书中的中等水
平学校表现值得关注:它的名次大幅上升,离顶尖学校更近而
非垫底。这一变化的影响将在后文探讨。

［5］将"世界"这一隐喻用于定位个人及其在社会中的角色,在社会学研究中并非独树一帜,但在科学家和学术职业研究中似乎是首例[据我所知,除 Clark(1987a)外,鲜有其他值得关注的例子]。这一隐喻被其他研究采用,目的是深入了解成为某个社会世界的一分子是何体验,构成社会世界及使其在道德上与其他世界区分开来的社会约定是什么,以及人们如何根据其是否属于某个社会世界而为自我赋予意义。例如,Becker(1982)论及"艺术世界",我们了解到艺术作为一种制度是如何使组织社会化的,成为四种艺术世界中任何一种是何种体验:职业艺术家世界、非主流艺术家世界、民间艺术家世界和天真艺术家世界。

［6］社会学中的长期社区研究常常间接或直接地采用"社会世界"这一隐喻,以解释城乡聚落的分化及其内部运作机制。在 Suttles(1968)著作中,我们深入了解城市社会世界:意大利人、墨西哥人、波多黎各人的世界是如何界定的,在何种条件下这些世界彼此分离、发生冲突,有时又相互协作。Strauss(1978,1993;以及 Clarke 1990,1991)认为,社会世界这一隐喻是理解整个社会及其分化和演变过程的最有前景的方式。

［7］社会世界研究路径有两大关注点。首先,它明确关注社会生态学,将行为定位于特定环境或社会文化环境中加以解释。其次,由此引申出来的是,社会世界研究明确关注现实和意义是如何在社会互动的基础上被创造和赋形的。从根本上讲,这一路径是自下而上的,观察宏观秩序是如何由微观过程建立的,同时也看到宏观力量如何影响微观功能。

［8］例如,Caplow 和 McGee(1958)将院系划分为"顶尖联盟""小联盟"和"草根联盟"。广为使用的卡内基分类系统(Carnegie Commission on Higher Education)虽然中立且适用于多种目的,但未能很好区分不同院校,因此在此研究中效用不佳。举例来说,哈佛大学和肯塔基大学均被列为"研究型一级院校",尽管我并不怀疑这两所学校在诸多方面都很出色,但我猜想

它们在卡内基系统未能捕捉到的多个层面上存在结构和文化差异，而这些差异直接关乎我们所关注的事业发展和自我认同问题。

[9] 这些世界的集体身份是根据经验数据总结出来的，也就是说，它们遵循了将构成后文分析基础的模式。集体身份之所以在开篇引入，是为了以可理解的方式阐述这些模式。因此，我在使用"精英"一词时与"精英主义"有所区别。前者指的是地位，后者则指一种自视为特权群体的信念。并非所有精英都是精英主义者，因此我们坚持使用更为恰当的"精英"一词。

[10] 我将使用"世界"一词来指代院系和其所属大学，但主要指后者。当然，这就引发了一个问题：如何看待大学与院系之间在地位上的矛盾？例如，在一所多元主义大学中有时能找到精英院系，而在精英大学中也可能存在多元主义院系。在本书样本中，院系和大学的地位是一致的：精英院系隶属于精英大学，依此类推。从更广义的分类系统来看，我们可以说精英大学指的是有多数精英院系的大学；多元主义大学指的是院系类型混杂的大学；社群主义大学则指的是有多数社群主义院系的大学。正如人们合理预期的那样，这三种类型的大学都难免存在一些多样性，只是多样性的程度和性质因类型而异。第六章将进一步阐述这些问题。

第二章 学术世界

[1] 至于总体的背景，读者可能希望参考几篇较早的、已成为经典的研究。这些研究探讨了学术生活"特性"，且每一个研究都以各自的方式关注了职业和大学或学院的各种社会组织特征。Wilson(1942)的研究代表了对美国教授队伍进行的第一次全面调查的经验性研究。他主要关注职业中等级制度的形式和功能，以及职业的社会地位。Caplow 和 McGee(1958)讨论了学术劳动力市场的运行，包括招聘和筛选过程。Lazarsfeld 和 Thielens(1958)探讨了学者的政治信仰以及 20

世纪中叶对学术自由的打击。Jencks 和 Riesman(1968)阐释
了他们所看到的学者权力在学术界内和学术界外的上升,并
解释了以绩效为基础的高等教育系统可能产生的或好或坏的
社会后果。Blau(1973)提供了学术工作组织的结构视角。他
关注大学的运作以及哪些实践条件促进或阻碍教师的工作。
Parsons 和 Platt(1973)将社会结构功能理论应用于大学,并解
释了美国大学的现行结构,包括他们认为大学在维护社会生
活的核心文化和知识价值方面所扮演的角色。Halsey 和
Trow(1971)通过对英国教授队伍的详细研究将聚焦学者的研
究放置于比较视角。更近期的研究则沿袭了比较和历史的研
究线路(如 Clark,1977,1984,1985,1987b)。这些以及一些相
关研究或许可以归为高等教育社会学领域。它们要么早于生
命历程视角的出现,要么从上文可以推断出来,关注的是与事
业、组织及个人主观体验和身份建构等相关的其他议题。换
言之,关于事业(career)和职业(profession)的社会心理学在这
些研究中大多仍然是未被探索的领域。然而,正文相应的地
方仍然会注意与这些研究的联系之处。

[2] 受访者 23。

[3] 同上。

[4] 同上。

[5] 同上。

[6] 同上。

[7] 同上。

[8] 同上。

[9] 受访者 39。

[10] 受访者 25。

[11] 受访者 31。

[12] 同上。

[13] 受访者 42。

[14] 受访者 43。

[15] 受访者 58。

[16] 对于该职业内的流动信息通常很难获取。大量的搜索也没有找到涉及该议题的大规模系统化数据集。根据假设,我们预计在当前时期,由于职位稀缺和劳动力供应过剩,职业内的流动性可能相对较小。并且,这一点对社群主义者、多元主义者和精英群体都适用:即使是在最合格的候选人之间,也存在激烈竞争。在这一方面,这个样本或许能作为更大职业世界的一个微观反映。

[17] 1973 年和 1993 年物理期刊的数量是根据各自对应年份的《科学引文索引》(Science Citation Index)编制的。该索引提供了物理学和其他领域最全面的期刊列表。

[18] 关于广泛应用年龄含义的相关理论和实证研究,参见 Neugarten(1968,1996),Settersten 和 Mayer(1997)。有关科学领域年龄规范和与年龄相关的表现的研究,参见 S. Cole (1979),Merton 和 Zuckerman(1973)。

[19] Meyer(1986a,1986b,1988;Kohli and Meyer,1986)也提出了生命历程的制度观,即一种强调生命历程在任何给定个体身上被社会脚本所组织的观点,这些脚本不仅详细说明了轨迹和转变,还说明了个体如何经历和适应这些轨迹和转变。根据制度观的视角,在任何时候,自我和身份都成为高度可预测的构造,因为它们的形成和发挥作用都需要根据在结构上建立的经验条件[Held(1986)提供了一个略有不同的制度观]。"现代制度在许多方面为每一个个体提供并要求一份简历。这份简历的许多要素已经事先确定(有时是适用于所有人的规则)。由于存在长期形成的规则序列链条,大多数要素是很容易想到的。并且大多数要素一旦确定就是固定的和重要的"(Meyer 1986b,207-208)。Meyer 认为,自我和身份的测量指标一直是不稳定的,因为它们未能采用一个强调生命历程为所有人组织通道(passage for all)的制度观,而这种制度观强调了生命历程的"规则"。

虽然我也采纳了一种规范性的、制度观的视角来看待生命历程,但我的观点与 Meyer 的观点有所不同,后者似乎过分强调了生命历程通道中的连续性,同时忽视了个人能动性在形成生命历程模式中的作用。尽管我的观点也考虑了由个体进入的社会系统所指定的期望或"脚本"(例如,精英社会系统,多元主义社会系统,社群主义社会系统),但它也允许有些脚本未能实现、有些脚本未得到遵循的经验现实。因此,在任何一个社会系统中,自我和身份不仅是制度赋予的脚本的产物,还受到形成交互的情境性协商的影响。正如组织分析中的制度主义的两位元实践者(metapractitioners)所指出的那样:"很少有人努力明确阐述新制度主义的微观基础……然而,任何宏观社会学都建立在微观社会学的基础上,无论是明示的还是隐含的"(Powell and DiMaggio, 1991,16)。换言之,我的观点考虑了宏观和微观力量(不仅仅是宏观力量)。由此产生的生命历程概念在人们的不同社会参与和经验中呈现出不同的形式。

[20] 诚然,基于个体水平的研究发现,测量的能力差异并不能预测绩效水平(Bayer and Folger, 1966; Cole, 1973,69)。

[21] 例如,许多大学已经开始实行各种形式的奖励以表彰绩效。讲席教授职位(Endowed Professor)就是其中一种例子。讲席教授职位起源于精英大学,其他高等教育机构也开始采用这种做法。Riesman(1956)将大学描述为"蛇形进展",它们不断模仿或试图赶上直接在其上面的一组机构。蛇的"头",即精英群体,制定了基准和利益,其他部分则感受到了这种基调,并试图以连续的反响跟随。类似地,Janowitz(1960)借用了生物学的隐喻:职业的"精英核心"通过设定标准和制定指令来控制整体的其他部分,其他人则试图跟随。最重要的是,讲席教授职位作为社会控制的一种机制,通过调节绩效来希望加冕者以及他们所在的机构,其本身能成为精英。讲席教授职位的增加就像信用卡的增加一样:你不仅可以拥有一张卡,还

可以成为金卡会员,甚至是铂金会员。教授们同样可以成为"杰出的""很杰出的",甚至是"更加杰出的"。众多精英的类别已经被创建,以至于人们迷失了谁是谁,以及每个类别究竟意味着什么。然而,讲席教授职位仍然是一种荣誉的来源。

[22] 我对"边界工作"这一术语的使用与 Gieryn(1983)有所不同。Gieryn 使用这个术语主要是描述科学家在试图通过将他们的工作与非科学的知识或技术活动进行对比,以呈现出有利的公众形象的意识形态。在他的案例中,这个术语用来解释现代科学的文化权威和可信度。类似地,Abbott(1988)讨论了管辖权中的"边界工作",即团体为控制某些知识和实践领域所作的声明,比如在神职人员和精神病学之间关于"个人问题"管辖边界的争论。在我的案例中,"边界工作"用来解释个人和团体如何塑造身份,类似于通过强调群体之间相似性和差异性的修辞手法。

[23] 受访者 45。

[24] 受访者 46。

[25] 受访者 43。

[26] 受访者 38。

[27] 受访者 42。

[28] 受访者 6。

[29] 受访者 43。

[30] 受访者 44。

[31] 受访者 53。

[32] Lortie(1975,特别是第四章)也发现了类似的情况。他在对中小学教师进行研究时解释了以教学为中心的职业相对缺乏阶段划分的原因。他指出,和自己的研究同样相关的是:"分阶段的职业生涯会产生努力、成就和重振雄心的循环。通过将个人与职业联系起来,让个体能够在职业未来中占据一席之地。分阶段使未来这一概念具有现实性和力量:它激发了努力、雄心和对职业的认同"(Lortie, 1975,85)。因此,Lortie 假

设教学职业相对缺乏阶段划分，导致（人们）对工作更多地关注当下而非未来。

第三章　职业往事

[１] 有一些关于职业社会化的相关研究，我只列举那些特别有帮助的研究。参见 Becker et al, *Boys in White* (1961)；Becker and Carper, "The Development of Identification with an Occupation" (1956a) 和 "The Elements of Identification with an Occupation" (1956b)；Becker and Strauss, "Careers, Personality, and Adult Socialization" (1956)；Cookson and Persell, *Preparing for Power* (1985)；Faulkner, "Coming of Age in Organizations" (1974), *Hollywood Studio Musicians* (1985), and *Music on Demand* (1987)；Habenstein, *The Career of the Funeral Director* (1954)；Hughes, *Men and Their Work* (1958)；Janowitz, *The Professional Soldier* (1960)；Lortie, "From Laymen to Lawmen" (1959)；Merton, Reader, and Kendall, *The Student Physician* (1957)；Miller, *Prescription for Leadership* (1970)；Osherson, *Holding On or Letting Go* (1980)；Reimer, "Becoming a Journeyman Electrician" (1977)；Shaw, *The Jack Roller* (1930)；Sofer, *Men at Mid-Career* (1970)；Weiss, *Staying the Course* (1990)；Zussman, *Mechanics of the Middle Class* (1985).

　　波士顿公共广播电台 WGBH 也通过制作《医生的成长》(WGBH, 1995) 对职业社会化的研究作出了贡献。这是一项重要的社会学研究，跟踪研究了一组哈佛医学院学生，涉及从学习到职业生涯早期阶段。虽然这篇文章本身值得关注，但我也发现它很有用——和大多数人一样——是本科课程的组成部分。

　　关于哈佛大学 1958 届五位杰出毕业生的生活，请参阅

Segal《纽约时报》畅销书：*The Class*(1985)。

[2] 受访者 16。

[3] 受访者 19。

[4] 关于科学"精神特质"的讨论,包括四种规范:普遍主义、公有性、无私立性和有组织的怀疑。详细参见默顿的作品 *The Normative Structure of Science* (1973b),于 1942 年首次出版。

[5] 关于认可对科学事业的重要性的进一步讨论,参见 Merton (1973a, 1973d); Zuckerman (1989); Gaston (1973, esp. chapters 4 & 5)和 Hagstrom(1965,特别是第二章)。Gaston (1973)不同意将认可视为激发科学家积极性的关键。他断言,科学界有很大一部分人发表的文章很少,因此不必如此狭隘地看待认可。认可的形式多种多样,其中只有一部分(虽然占比很大)来自论文发表。正如 Zuckerman 所说,"科学共同体的教学、管理和公民身份也以不太明显的方式促进了知识的进步"(Zuckerman, 1988,528)。

[6] 根据美国国家研究委员会(NRC)由 Goldberger, Maher, and Flattau(1995)所做的评估,可以编制出美国十大物理系的名单。这个排名大致与《美国新闻与世界报道》(*U. S. News & World Report*)的排名相对应,该排名更知名、更受欢迎,但也遭到广泛批评。后者定期发布,访谈中许多科学家在他们的叙述中都引用了它。由于分数相等,这两个排名都包括了 11 所学校,NRC 的排名从高到低依次为:哈佛大学、普林斯顿大学、麻省理工学院、伯克利大学、加州理工学院、康奈尔大学、芝加哥大学、伊利诺伊大学、斯坦福大学、加州大学圣巴巴拉分校和得克萨斯大学。《美国新闻与世界报道》的排名从高到低依次为:加州理工大学、哈佛大学、麻省理工学院、伯克利大学、斯坦福大学、普林斯顿大学、康奈尔大学、芝加哥大学、伊利诺伊大学、耶鲁大学和哥伦比亚大学

[7] 受访者 42。

［8］ 理查德·费曼(Richard P. Feynman),1965 年获得诺贝尔物理学奖。

［9］ 汉斯·贝特(Hans A. Bethe),1967 年获得诺贝尔物理学奖。

［10］ 受访者 20。

［11］ 莫里·盖尔曼(Murray Gell-Mann),1969 年获得诺贝尔物理学奖。

［12］ 受访者 55。

［13］ 受访者 12。

［14］ 受访者 56。

［15］ Schwartz(1981)的主要著作试图解释人类使用空间隐喻的跨文化倾向,如用"高与低""上与下"来代表不同领域的社会不平等。认知和道德维度是联系在一起的,所以在上面的通常被认为是高级的,在下面的通常被认为是低级的。一个很容易找到的例子是教育机构的普遍分类方式。"质量"的等级与纵向等级有关,对个人能力和成就的评价往往是根据其所在组织的声望来计算的。Schwartz 认为,纵向规范根植于童年的个人经历,并被转移到成人世界。纵向分类成为一种社会规范,作为一种具有认知和道德意义的通用语言。虽然垂直分类系统是组织复杂社会形式的一种方式,但它们通常只在粗略的层面上进行区分(例如,更好和更差),并具化了可能经常被错误区分的分类对象的道德价值。

［16］ 受访者 22。

［17］ 受访者 28。

［18］ 受访者 40。

［19］ 受访者 54。

［20］ 同上。

［21］ 史蒂文·温伯格(Steven Weinberg),1979 年获得诺贝尔物理学奖。

［22］ 受访者 12。

［23］ 恩利克·费米(Enrico Fermi),1938 年获得诺贝尔物理学奖。

[24] 受访者 1。

[25] 受访者 11。

[26] 真正的公平和对公平的看法当然是截然不同的事情。

[27] 一个被定义为不公平的奖励制度导致 Coles 得出结论，为违反规范提供了一个依据：从事科学中的越轨行为，例如使用非法手段获得认可（Cole and Cole，1973）；这似乎是逻辑上的飞跃。即使人们认为他们的处境是不公平的，从事越轨行为的倾向也会作为一种评估成本和收益的功能发挥作用。首先，通过欺诈手段获得实质性认可的可能性很小，但即便如此，被抓住的惩罚可能远远超过（至少对大多数人来说）通过欺诈手段获得认可所带来的快乐。有些人可能认为"体制"在某些方面是不公正的，但他们继续在体制内工作，因为没有合理的替代方案。事实上，正如进一步的描述所表明的那样，许多人形成了一种"顽固的身份"，这种身份往往反映了个人的失败，也反映了系统的失败。

[28] Glaser(1964b) 交替使用"cooling-down"而不是"coolingout"来强调相对于绝对失败的比较概念：尽管"冷却"，科学家通常不会失去对他们职业的所有承诺，而是重新调整定位。原则上，这与 Goffman 的原始用法是一致的，因此我使用了原始术语。

[29] 没有一个社群主义者是在社群机构获得博士学位。19 人中只有 4 人在社区学校完成了本科学业。

[30] 受访者 31。

[31] 同上。

[32] 受访者 25。

[33] 受访者 27。

[34] 受访者 40。

[35] 受访者 26。

[36] 受访者 27。

[37] 受访者 22。

[38] 受访者 27。

[39] 受访者 30。

[40] 关于物理学领域学术人员过剩的问题,请参见 Kirby 和 Czujko (1993)以及 Ellis(1993)。关于这个问题的新解决方案,请参见 Taubes(1994)。另见为评估科学家研究生教育可能进行的改革,包括扩大职业机会的改革而召集的国家研究委员会小组的报告(科学、工程和公共政策委员会,1995 年)。

[41] 受访者 34。

[42] 受访者 39。

[43] 受访者 55。

[44] 受访者 59。

[45] 受访者 56。

[46] 受访者 50。

[47] 受访者 46。

[48] 受访者 50。

[49] 受访者 49。

[50] 受访者 23。

[51] 受访者 6。

[52] 受访者 14。

[53] 受访者 16。

[54] 受访者 13。

[55] 从表面上看,当单个的社群主义者似乎与他们工作的世界最不一致时,称其为"社群主义"似乎是矛盾的。然而,让我们回想一下这个群体被识别的基础。社群主义表达了属于这个世界成员的主要集体愿望。他们选择和行动的理由首先源于与机构本身的联系。尽管这些科学家在他们的雄心上是社群主义的,但正如我们所看到的,并不是所有的科学家都对他们所工作的社群主义机构感到满意。

[56] 这里和其他地方一样,我用的都是假名。我把名字附在我详细引用的叙述后面,以便将叙述者置于背景中,并保持叙述的正确性。

[57] 受访者 20。这次采访也是"费尔德曼"以下引文的来源。

[58] 这一流派本身就代表了科学世界之间的区别。如果精英撰写教科书(他们中的许多人不愿意做这项工作，因为它不代表原创)，他们最有可能在职业生涯后期甚至职业生涯末期这样做，因为那时的机会成本更低。多元主义者和社群主义者不太可能遵守同样的规范。在他们的世界里，编写教科书更常出现在职业生涯的早期阶段，部分原因是多元主义者和社群主义者的世界通常更倾向于教科书编写所服务的教学功能。

[59] 受访者 3。

[60] 一些科学家和我开玩笑说，诺贝尔奖实际上会扼杀而不是促进一项事业。参见 Zuckerman(1977)关于诺贝尔奖获得者职业生涯的各种问题，包括通常对知识生产的影响。

[61] 受访者 16。

[62] 受访者 51。

[63] 受访者 63。

[64] 受访者 58。

[65] 在精英的子样本中，我采访了两位物理系的前任系主任和一位研究中心的主任。这些主席的任期为三年，突出了一种常见的精英模式，即人们通常是定期轮流任职的，尽管不是一个部门的所有成员都轮流担任行政职务。研究主任也是定期任职(5 年，有可能续任)。这些特点凸显了精英阶层对职业管理人员的容忍度普遍较低。

在多元主义者的子样本中，没有发现过去或现在的管理者，但总的来说，进入这个世界的高级管理职位(例如院长职位、教务长职位和校长职位)的人可能会被"免除"研究或教学职责，而精英中的院长和一些教务长通常仍然活跃在研究或学术前沿。这些差异可能源于不同类型学术世界的结构安排。多元主义世界通常由大型公共国家机构组成，可以想象，这给管理人员带来了更多的时间限制，他们可能要对更大的学术单位、更多的人事和政策决策负责。在专业上，多元化的管理者也可能在国家舞台上的科学政策事务中发挥积极作用,成为实际上的外交官、监护人、推动者或政策先驱。尽管他们的研究方向不同,但在某些情况下,他们对科学的影响可能与走传统研究道路的科学家相当,甚至远远超过他们。

　　在社群主义者的子样本中,我采访了三位前系主任,他们的任期为三年,轮流任职;其中一人担任了一届,另一人担任了一年半,第三人担任了一届系主任,还担任了一年的助理院长,两年的助理副校长,以及六个月的代理院长。另一名社群主义者则走了一条相当漫长的行政道路,我将在下面讨论他的案例。

[66] 受访者 66。

第四章　职业未来

[1] 以杨振宁(1922—　　)与罗伯特·劳伦斯·米尔斯(1927—1999)命名。

[2] 以苏布拉马尼扬·钱德拉塞卡(1910—1995)命名。

[3] 以布莱恩·戴维·约瑟夫森(1940—　　)命名。

[4] 以刘易斯·福瑞·理查德森(1881—1953)命名。

[5] 以乔治·佩吉特·汤姆森(1892—1975)命名。

[6] 以汉斯·威廉·盖格(1882—1945)命名。

[7] 以迈克尔·法拉第(1791—1867)命名。

[8] 以彼得·约瑟夫·德拜(1884—1966)与埃里希·阿曼德·亚瑟·约瑟夫·休克尔(1896—1980)命名。

[9] 以查尔斯·惠斯通(1802—1875)命名。

[10] 以恩斯特·海因里希·韦伯(1795—1878)与古斯塔夫·西奥多·费希纳(1801—1887)命名。

[11] 受访者 23。

[12] 同上。

[13] 同上。

[14] 同上。

[15] 受访者 2。

[16] 受访者 5。

[17] 同上。

[18] 受访者 8。

[19] 同上。

[20] 同上。

[21] 受访者 10。

[22] 受访者 14。

[23] 受访者 13。

[24] 同上。

[25] 我之前已经解释过,"失败"这个词不应该被绝对化地理解。尽管可以想象,有一小部分科学家可能会因为某些极为特殊的情况而认为自己是一个彻底的失败者。但在这里,"失败"只是另一种表达相对成功的说法。

[26] 受访者 33。

[27] 受访者 36。

[28] 受访者 31。

[29] 美国国家科学研究委员会(National Research Council)(1991)的一份报告研究了取消教授强制退休制度对高校的影响,发现最有可能在 65 岁和 70 岁之后仍然全职从事教授工作的是少数几所研究型精英院校的教师。总体而言,对于大多数不属于这一范畴的机构来说,取消强制退休的影响应是微乎其微的。

[30] 想要了解有关退休制度的有趣的社会历史,可以阅读格拉布纳(Graebner,1980)的作品。

[31] 受访者 35。

[32] 受访者 34。

[33] 受访者 30。

[34] 受访者 25。

[35] 受访者 52。

［36］ 同上。

［37］ 受访者 59。

［38］ 同上。

［39］ 受访者 12。

［40］ 受访者 3。

［41］ 受访者 1。

［42］ 受访者 7。

［43］ 受访者 17。

［44］ 受访者 57。

［45］ 同上。

［46］ 同上。

［47］ 受访者 58。

［48］ 受访者 46。

［49］ 受访者 38。

［50］ 受访者 42。

［51］ 受访者 26。

［52］ 受访者 29。

［53］ 受访者 42。

［54］ 受访者 39。

［55］ 受访者 56。

［56］ 同上。

［57］ 受访者 23。

［58］ 哈伯(Haber, 1991)深入探讨了专门职业的文化历史：他详细
分析了专门职业是如何在三个不同的历史时期通过组织自身
以应对阶级差异的。在另一部优秀作品中，布莱德斯坦
(Bledstein)探讨了这一历史主题的变体：他追溯了"专门职业
文化"在现代社会生活中的兴起，并评价了它在推动高等教育
发展方面所起到的作用。

［59］ 对于政策制定者而言，研究哪些职业在入职和职业发展方面
最具竞争力，的确是一个令人感兴趣的问题。当然，这是一个

经验性的问题。就推测而言，目前科学领域的职业更像是职业体育，而非像医学或法律这样的职业。科学和体育领域具有较高的门槛，只有极少数人能够"进入主流"。相比之下，尽管医学和法律相对于其他大多数职业而言也很难进入，但它们为个体提供了多种可供选择的培训机构，并且在许多情况下（尤其是非学术性医学和法律领域），这些机构并不会决定未来的就业去处。医生和律师的标准化培训似乎也促进了行业内部更大的流动性。在广义的医学和法律领域，从业者可能普遍不太关心人们"上过哪所学校"，但学术界成员却不然。那些确实关心这一点的医生和律师可能成为这一领域的精英，对于这些领域而言，这种比较是专门职业文化的一种神圣性元素。目前尚不清楚还有哪些职业像科学一样，受到"首次就业地点"的结构化影响如此之大。

[60] 这当然是基于为了便于讨论而假设个体能力保持不变的前提。还有其他因素也会发挥作用，比如对某一领域认识的发展进程。一些年长的物理学家有时指出，在领域的发展初期更容易取得重大发现，因为该领域还不成熟。可以说目前物理学正处于成熟状态，以至于有些人对其活力和未来的前景产生了怀疑（Lindley，1993）。与五十年前相比，物理学领域内部的知识增长似乎有所减少。正如一位物理学家所评论的那样：

> 在某种程度上，物理学家们被宠坏了，因为20世纪的前半段如此具有革命性，诞生了量子力学、相对论等等。甚至当我还是研究生时的70年代，也是量子力学在实验结果方面取得辉煌成就的鼎盛时期，那真是太令人兴奋了。当然，现在也有很多令人兴奋的事情，但每一步都是如此（巨大）；要取得进展，在人力和资金方面的成本都非常昂贵。（受访者52）

> 当一个领域接近停滞时，它是如何发展的呢？有一种观点认为（Abbott，1988），领域会沿着不同的认知边界进行重组，这些边界代表了创新（或在政治上更具影响力和说服力）

的专业管辖范围。按照这一观点,我们将来可能不再在大学中看到物理系,而是看到代表新的认知一致性的其他院系。汉金斯(Hankins,1985)提供了一个深刻的历史观点,即18世纪科学如何组织成与我们今天所熟悉的领域有所不同的形态,这一变化反映了不同时代对深奥知识的认知状态。在兰克福德(Lankford,1997)对1940年以前美国天文学家的集体传记中,他讨论了天文学在美国的崛起以及该领域职业发展的蓬勃发展。行业成长和衰退的演变过程,在许多领域的发展中都有体现,如教育(Clifford & Guthrie,1988)、生物学(Roush,1997)、古典学、图书馆学等——这些领域越来越多的管辖权被竞争方夺走。

[61] 由于预期将出现大规模退休(Bowen & Sosa,1989),人们预测20世纪90年代教师招聘将迎来复兴,现在看来这一预测似乎并不准确。

[62] 为做出比较,根据美国劳工统计局的数据,1993年美国全体人口的失业率为6.8%(National Science Board,1996,3-5)。

[63] 加里森和赫夫利(Galison & Hevly,1992)的论文提供了一份关于20世纪大科学兴起的历史记述。

[64] 受访者1。

[65] 受访者7。

[66] 受访者2。

[67] 在形势不太严峻的时代,人们或许同样充满竞争意识。牛顿是吗? 爱因斯坦也是如此吗? 或许是吧,但重点在于,如今制度化的竞争愈发激烈,对于大多数科学家而言,竞争已成为职业发展的先决条件。

　　我记得,曾有一位资深同事认真地问我,为什么研究生们的竞争会变得如此激烈。他觉得早些时候彼此间的合作要多得多,在工作上会毫不犹豫地相互帮助。而这位同事所忽视的是,系内成员之间的竞争现象。学生和老师可能会为了不同的事情而竞争,但他们各自竞争的对象却愈发稀缺。同时,也存在着"有其父必有其子"的现象:学生往往会模仿老师身上所表现出的许多特质。某些行为模式是否对共同体及其成员有益(即它们是否具有功能性),这个问题最好在其他地方寻找答案。

[68] 严峻的社会经济条件会提高对业绩的预期。这一断言是以学术劳动力市场状况和其他基础设施因素(如资金的可获得性)为前提的。但反之,这一断言可能并不成立。也就是说,当市场和财政状况宽松时,对业绩的预期并不会降低,而可能保持不变,因为已经形成了先例。降低行业标准会导致声望和认可度降低,这与科学制度化的目标背道而驰(然而,这一假设尚未得到验证,因为自 20 世纪 70 年代初以来,教育领域的总体形势一直都很严峻)。因此,即使外部环境条件得到改善,业绩管理的制度化规范可能仍会维持一定的标准。

[69] 科学家通常在担任助理教授四到五年后获得终身职位;在许多其他领域,这一期限通常是六到七年。

[70] 博士后职位的制度化程度在不同学术领域有所不同。在自然科学领域,博士后职位的制度化非常普遍,在社会科学领域较为少见,在人文科学领域更是罕见,但这种情况似乎正在逐渐改变。在社会科学领域,博士后职位通常出现在与自然科学最相似的领域和专业(即那些最倾向于定量的领域),如经济学和人口学领域,人口学通常隶属于社会学。

[71] 当然,这有些过于简化了。研究生阶段的特征——生产力、导师、机构声望——也会影响后来的职业生涯。但问题在于,即使考虑到这些因素,博士后阶段对于随后的职业成功来说仍然是最为关键的。

[72] 受访者 5。

[73] 当然,"时代效应"不应作为一个含混不清的总括性术语来解释宏观事件对个人的影响。更确切地说,时代效应通常包括一系列影响个人生活的社会力量和过程,这些影响往往以不同的方式出现(Elder, 1974; Elder & O'Rand, 1995)。

［74］受访者 19。

［75］受访者 32。

第五章　矛盾与自洽

［1］感谢 Harriet Morgan 让我注意到这篇文章。

［2］受访者 12。

［3］受访者 23。

［4］受访者 1。

［5］受访者 16。

［6］受访者 14。

［7］受访者 14。

［8］精英们的其他特点之一是对薪资隐私问题的担忧。在 60 位科
　　学家中，有 7 位拒绝提供工资信息。其中 4 位是精英学者，他
　　们在科学界尤其突出，被 Zuckerman（1977）称为"超级精英"。
　　可以从两方面对这种情况进行解读。首先，名人对此类信息
　　尤其谨慎。公布薪资可能会危及声誉，特别是对那些面向公
　　众的人。即使在严格保密的情况下，对薪资隐私的担忧也显
　　而易见。我的一位受访者反驳道："没有什么是保密的!"其
　　次，很多人认为薪资是衡量个人价值的客观标准，无论薪资相
　　对较低还是高得离谱，精英们可能同样会感到尴尬。其次，精
　　英大学似乎对个人甚至总体薪资信息的发布变得尤为敏感。
　　（公共机构通常被法律强制要求提供薪资信息。）这或许是精
　　英大学激烈争夺候选人所导致的结果。这也是保护学校声望
　　的一种手段。此外，这种做法强化了严肃、神秘的气氛，同时
　　保持了人们所扮演的学术角色的神圣性。

［9］受访者 7。

［10］受访者 1。

［11］同上。

［12］受访者 23。

［13］同上。

[14] 受访者 25。

[15] 同上。这位科学家所在的部门每年都会根据研究(包括资助和会议发言)、教学和服务的规范标准对教职员工进行正式评估。在每个领域下对科学家的表现进行评分,按照五个等级进行分组:A、B、C、D、E,根据得出的综合分数对所有成员进行排名。在部门领导参与的年度会议上,个人会被告知他们在各个领域的排名及综合排名。评估过程由四名教职员工组成的委员会监督,几年进行一次轮换。至少在这位科学家的案例中,在这类部门中排名"第一"与受访者如此漫不经心地描述的生活方式之间没有矛盾或讽刺。

[16] 受访者 27。

[17] 受访者 31。

[18] 受访者 40。

[19] 受访者 49。

[20] 受访者 51。

[21] 受访者 53。

[22] 受访者 46。

[23] 受访者 56。

[24] 这一原则当然可能适用于精英阶层,但当无法实现更远大的雄心时,精英们在职业上有更多的依靠。

[25] 受访者 46。

[26] 例如,与其他领域相比,生物科学领域有更多的女性从业者,且已证明在职业发展方面比其他领域更友好(Sonnert and Holton, 1995)。总体而言,女性在其同性人数相对较多的领域遇到的职业发展障碍似乎最少。Sonnert 和 Holton(1995, 51)认为,一个群体的集中,就像在生物科学中一样,会产生"临界质量",从而消除性别分层和隔离。

[27] 想对性别和科学进行广泛研究的读者可以参考几个优质资源,包括 Sonnert 和 Holton(1995),提供了最新且全面的评估。J. Cole(1979)、Long and Fox(1995)以及 Zuckerman、Cole 和 d

Bruer(1991)。有关美国女科学家的丰富历史,参见 Rossiter (1982,1995)。

[28] 担任学术职务之前,这位资深的女性精英在实验室做了 7 年的研究工作。该实验室隶属于她上任后一直工作的机构。

[29] 与男性科学家和一般人群中的女性相比,女性科学家结婚或生孩子的可能性较小（Astin, 1969；Centra, 1974；Long, 1990；Long and Fox, 1995）。

[30] 家庭劳动角色不仅指照顾和养育子女,更广泛地说,是指家务劳动,这可能涉及孩子,也可能不涉及孩子。

[31] Sonnert 和 Holton(1995)没有提供证据来支持女性比男性更经常退出科学界的说法。不过,作者确实发现,女性攻读博士学位所花费的时间平均比男性多,他们将这种差异归因于养育子女的需求,以及女性更倾向于中断学业或兼职学习。当然,中断学业和养育子女的需求在原则上是相关的。

[32] 一般来说,对女科学家的讨论需要格外小心,以确保匿名。女性科学家的数量很少,以至于很难或通常不可能提供有助于了解她们的职业生涯并引起读者普遍兴趣的信息。

[33] 她丈夫也是一位杰出的学者。

[34] 受访者 14。

[35] 受访者 40。

[36] 受访者 14。

[37] 受访者 9。

[38] 在迄今为止最新最全面的性别与科学的研究中,基于从多个领域的全国科学家样本中收集的信息得出了以下结论:"总体而言,我们样本中的女性并没有比男性做得差得多;没有非常大和非常明显的性别差异和差距"(Sonnert and Holton 1995, 164)。

[39] 研究一致表明,平均而言,在年龄、博士就读机构和研究领域相当的情况下,女性科学家的发表效率往往低于男性科学家(J. Cole, 1979；Cole and Zuckerman, 1984, 1987；Reskin,

1978；Sonnert and Holton，1995）。但研究也发现，婚姻和家庭义务并不能解释这种差异（Cole and Zuckerman，1987；Hargen，McCann and Reskin，1978）。即使在职业级别上，婚姻也被证明有积极影响而非消极影响，且生孩子的影响很弱或根本不存在（Long and Fox，1995）。合作也无法解释男女科学家之间的发表效率差异（Cole and Zuckerman，1984）。

［40］受访者 42。

［41］受访者 52。

［42］尽管在特定情况下这可能是真的，但这并不是说女性（或男性）不能严肃对待他们的家庭角色。女性和男性可能会怀着远大的雄心甚至竞争精神开始家庭"事业"，但"雄心壮志"历来不是用于描述他们行为的形容词。

［43］回想一下，多元主义者世界和社群主义者世界中的一些人表现出精英般的特征，但并非所有人都是如此。

［44］受访者 14。

［45］斯波克（Bejamin Spock，1903—1998），美国著名儿科医师，其于 1946 年出版的《婴幼儿保健常识》是美国育儿畅销书。

［46］受访者 14。

［47］受访者 9。

［48］受访者 52。

［49］受访者 42。

第六章　声音与视野

［1］我对"主要叙事"一词的使用不同于后现代主义者的用法，不应与后现代主义者的使用相混淆，后现代主义者出于不同的原因（即作为对历史的批判）使用主叙事概念。我的使用间接来自社会学家 Everett C. Hughes（见导论）提出了主地位（master status）的概念（1958 年）———一种主导的社会地位，指导对持有该职位的人的所有其他特征的理解。

［2］也正是出于这些原因，我认为"社会世界"是比"层"更好的概

念化职业的方式,科学社会学文献的主要部分采用"层"来解释语境差异(见导言)。尽管上下文在方式上有所不同,但在其他方面却很相似。通过谈论科学的社会"世界"而不是明确界定的科学"层",我们可以更好地确定和研究相似性和差异性。

[3] 正如精英世界有时包括多元主义者和一些社群主义者(反之亦然),工业社会包括农业,而农业社会通常包括或逐渐包括工业。然而,在每一种情况下,都会出现一种集体身份,它有意义地在一系列类型中定位群体以及他们的主要倾向。

[4] 请参阅第4章中的"感受时间的影响"部分。

[5] 这是一个被其他研究证实的假设关系(参见 Fox,1983 和 Reskin,1979)。我们无法获得此特定样本中每个成员的导师信息。

[6] 在这些因素中,早期成功与博士出身关系最为密切。成功的年轻科学家最有可能在精英高校接受过教育。离婚在精英阶层中也最为常见(见第5章),尽管仅比社群主义者中的离婚率略高,后者更经常在更多元的机构接受教育。这并不是说所有遇到这些因素的人最终都会选择其他的职业轨迹,我们只能是他们更容易这样做。此外,毫无疑问,有些人遭遇这些经历后仍然继续遵守职业的道德秩序。在这方面,我们可参考克劳森(Clausen,1993),他认为,那些从年轻时就能力出众的人不仅能够获得较高的职业地位,而且能够更好地抵御感情风暴的冲击。

[7] 在一部极具启发性的作品中,Bruner(1996)从对教育和社会更广泛进步的关注的角度讨论了叙事。叙事传授知识,包括人们试图在其中自如生活的文化知识。一方面,接触不同的叙事建立了社会分化和分层的基础。另一方面,根据布鲁纳的说法,将丰富的叙事扩展到更广泛的群体——主要是通过学校教育——是个人启蒙和社会进步的主要手段。这种观点必然会重新关注未来教师的选择、培训和社会化,以及他们向年

轻人传授的内容。

[8] 例如，科学家很难（尽管并非不可能）谎报或夸大他们的成就，因为其履历记录了他们职业生涯的许多客观特征。更常见的是，点缀存在于尚未生活的生活中：未来的自己。我们可以比较美化在科学事业中的作用及其在无家可归者中的作用（Snow 和 Anderson 1993，尤其是第 7 章）。科学家通常生活在一个熟人网络之中，这些人了解科学家的个人生活史和诸多客观事实，因此美化会有更大的风险被认为是一个傻瓜。相比之下，无家可归者的美化成为身份建构的一个组成部分。很少或没有其他人能够对身份声明提出异议。有些主张可能有效，而另一些则可能无效，而且听众虽然可能对地位边缘者讲述的故事持怀疑态度，但缺乏否定这些主张的坚实基础。除了增强未来自我的形象外，科学家的美化通常采用更微妙的形式。值得注意的例子是那些强调从属关系作为地位标志的例子："在加入伯克利大学之前，我的早期职业生涯是在查尔斯河畔的一所大学度过的"或"当我还是一名研究生时，费曼曾经告诉我们"。

[9] 年轻的学者可能会贬低、忘记或永远不会了解他们前辈的成就。

[10] 当然，也有例外，例如著名的动物学家休厄尔·赖特（Sewall Wright），他从芝加哥大学退休后继续在威斯康星大学开展第二个长达数十年的职业生涯。

[11] 受访者 21。

[12] 受访者 6。

[13] 受访者 23。

[14] 汤姆罗素《愿景之盒》，Rounder 唱片（1994）。

[15] 威廉·巴特勒·叶芝：《致一位一事无成的友人》。